A escrita infantil

Dados Internacionais de Catalogação na Publicação (CIP)
(Câmara Brasileira do Livro , SP, Brasil)

Gontijo, Claudia Maria
A escrita infantil / Claudia Maria Gontijo. -- São Paulo : Cortez, 2008.

Bibliografia.
ISBN 978-85-249-1430-0

1. Alfabetização 2. Escrita 3. Leitura 4. Prática de ensino 5. Professores - Formação profissional 6. Psicologia educacional I. Título.

08-06561 CDD-370.153

Índices para catálogo sistemático:

1. Escrita infantil : Processo de alfabetização : Psicologia educacional : Educação 370.153

Cláudia Maria Mendes Gontijo

A escrita infantil

CORTEZ EDITORA

A ESCRITA INFANTIL
Cláudia Maria Mendes Gontijo

Capa: aeroestúdio
Preparação de originais: Carnem T. da Costa
Revisão: Maria de Lourdes de Almeida
Tradução: Dinah de Azevedo
Composição: Dany Editora Ltda.
Coordenação editorial: Danilo A. Q. Morales

Direitos para esta edição
CORTEZ EDITORA
R. Monte Alegre, 1074 — Perdizes
05014-001 — São Paulo - SP
Tel.: (11) 3864 0111 Fax: (11) 3864 4290
e-mail: cortez@cortezeditora.com.br
www.cortezeditora.com.br

Impresso no Brasil — outubro de 2008

Sumário

Prefácio

No mundo moderno as inovações tecnológicas como indústria gráfica, imprensa e a internet surgiram com muita velocidade e se incorporaram com muita rapidez ao cotidiano da sociedade. Isso fez com que o acesso à informação atingisse proporções incalculáveis. Com isso, a escola deixa de ser a principal e única via de provimento de informação e passa a ter responsabilidade no preparo dos indivíduos ao acesso às informações disponíveis e a organização para a sua compreensão. A alfabetização, nesse caso, adquire um papel relevante, pois, como as sociedades, nesse contexto, estão cada vez mais centradas na escrita, ela continua sendo precondição para a democratização do acesso à informação disponível no mundo.

Desse modo, a alfabetização, mais do que nunca, se coloca como condição necessária para o desenvolvimento das plenas potencialidades humanas, para o exercício da cidadania, para o prosseguimento dos estudos nos demais níveis de ensino. Como anunciado no legado deixado por Paulo Freire, a alfabetização possibilita a inserção do indivíduo na realidade, no contexto social e político, e promove o despertar para a cidadania e a transformação social. A alfabetização é, no sentido freiriano, condição para que a leitura da palavra se torne propiciadora da leitura do mundo.

No entanto, desde a década de 1990, as avaliações realizadas, no Brasil, por diversos órgãos ligados direta ou indiretamente a política educacional, vêm demonstrando que crianças, jovens e adultos têm saído da primeira etapa do ensino fundamental com defasagens em leitura e escrita. Dificuldades como ler e compreender tanto textos simples como complexos e de produzi-los de forma adequada demonstram que o ensino da leitura e da escrita na escola brasileira está com sérios problemas. Por isso, acreditamos que o ensino da leitura e da escrita deve ser efetivamente repensado a fim de possibilitar que todos tenham o direito de entrar na escola e aprender a ler e a produzir textos para terem garantida a oportunidade de ampliarem suas capacidades não só de ler e escrever, mas de se constituírem em leitores de mundo, como tanto defendia Paulo Freire.

É nessa perspectiva que acreditamos que a aprendizagem da leitura e da escrita deve servir não para responder aos interesses de uma sociedade tecnológica cada vez mais complexa, mas, sobretudo, para formar o indivíduo como sujeito que se vê integrante, co-responsável, da lógica de constituição dessa sociedade. Nesse sentido, a alfabetização deve contribuir para formar o indivíduo que seja capaz de analisar, de avaliar criticamente, práticas que favorecem para dar poder, para marginalizar o "outro" ou para promover mudanças democráticas e emancipadoras. Portanto, acreditamos que a alfabetização se coloca como uma prática social que deve possibilitar aos indivíduos a compreensão crítica da realidade e como tal deve fazer parte de todo projeto de sociedade que tenha como propósito a democracia e a justiça social.

O eixo central deste livro de autoria de Cláudia Maria Mendes Gontijo se coaduna com essa forma de conceber a alfabetização. O livro é fruto de um trabalho de pesquisa que foi realizado, durante três anos, com crianças em um Centro de Educação Infantil do Sistema Municipal de Ensino de Vitória (ES). O estudo enfoca o processo de desenvolvimento da linguagem escrita pelas crianças e oferece ao leitor a oportunidade de compreender o papel da alfabetização para a formação da consciência crítica do indivíduo.

A autora apresenta com detalhe dados empíricos que mostram como as crianças foram elaborando o conhecimento sobre a linguagem escrita na escola. Essa elaboração pelas crianças é tratada por Cláudia com profundo rigor teórico e metodológico, o que permite ao leitor acesso aos processos que se constituíram nas crianças ao serem incentivadas a produzir textos escritos. Nessa direção, a pesquisadora oportuniza ao leitor conhecer "o movimento e a dinâmica da apropriação da linguagem escrita pelas crianças", levando em conta os modos como as crianças agiam e reagiam com os conhecimentos sobre o sistema de escrita. Trata-se, dessa forma, de um estudo que, ao partir do princípio de que a linguagem, como produto da interação entre os indivíduos, é constitutiva da consciência humana, reconhece a criança como sujeito real, concreto, indissociado do contexto social no qual se insere.

Ancorando-se na abordagem Histórico-Cultural, especialmente nas contribuições de Vygotski e Luria, para a compreensão do desenvolvimento da escrita, este livro instiga o leitor a refletir criticamente sobre determinadas teorizações e conceituações que têm fundamentado estudos, pesquisas e políticas de alfabetização que, por desconsiderarem o indivíduo como ser social, histórico, ideológico, não permitem que se promova rupturas com práticas educativas que privam, alienam e massificam os seres humanos.

Assim, com certeza, este livro incentiva a leitura do que poderia significar avanços na construção de práticas de ensino da leitura e da escrita que promovam a formação do sujeito crítico, criativo, consciente do seu papel como agente transformador da realidade social. Por isso, o trabalho de Cláudia adquire uma fundamental importância para professores alfabetizadores, formadores de professores, alunos de diferentes áreas de conhecimento, pesquisadores e responsáveis pela condução de políticas alfabetizadoras.

Vitória, agosto de 2008

Cleonara Maria Schwartz

Profa. Dra. do Centro de Educação da
Universidade Federal do Espírito Santo — UFES

Introdução

Este livro é resultado de uma pesquisa realizada com crianças cujo objetivo é investigar os processos de apropriação da linguagem escrita. Em meados da década de 1990, fiz menção ao desafio de realizar pesquisas na área de alfabetização: "Pesquisar a alfabetização no atual contexto brasileiro é um desafio. Desafio maior é romper com as concepções de alfabetização que se tornaram hegemônicas e, portanto, já fecundaram tanto a prática como o discurso educacional brasileiro" (Gontijo, 1996, p. 10).

A concepção de alfabetização que fecundou o discurso educacional brasileiro nas décadas de 1980 e 1990 foi a construtivista. Hoje, menciono apenas o discurso, porque a prática de alfabetização, muitas vezes, continua sendo orientada por um modelo tradicional de alfabetização, fundado nos métodos suficientemente criticados, inclusive pela "nova" concepção de alfabetização.

Obviamente, durante essas décadas, algumas mudanças se efetivaram na prática. Basta observar os livros adotados para ensinar as crianças a ler e a escrever: textos sem sentido foram substituídos por parlendas, trava-línguas, músicas, receitas e outros tipos. Alguns temas considerados relevantes passaram a orientar as unidades didáticas, acreditando-se que, desse modo, é possível tornar a aprendizagem significativa para as crianças. Além dos livros que ensinam a ler e a escrever, os professores passaram a considerar a necessidade de propiciar às crianças atividades de leitura e de escrita de textos desde os momentos iniciais da alfabetização. Em Gontijo (2001), sugeri que a realização dessas atividades visa, em muitas situações, apenas a atender às imposições dos órgãos diretores de ensino que adotaram o texto como unidade de ensino da língua. Os Parâmetros Curriculares Nacionais de Língua Portuguesa para o Ensino Fundamental (1997, p. 35-36) definem o texto como unidade de ensino e salientam:

> Se o objetivo é que o aluno aprenda a produzir e a interpretar textos, não é possível tomar como unidade básica de ensino nem a letra, nem a sílaba, nem a palavra, nem a frase que, descontextualizadas, pouco têm a ver com a competência discursiva, que é central. Dentro desse marco, a unidade básica de ensino só pode ser o texto, mas isso não significa que não se enfoquem palavras ou frases nas situações didáticas específicas que o exijam.

Dessa forma, os Parâmetros Curriculares Nacionais (PCN) de língua portuguesa sugerem a necessidade do trabalho com textos, mas advertem que as palavras e as frases devem ser trabalhadas em situações específicas. Nesse sentido, esclarecem que um texto não se define por sua extensão, pois uma palavra sozinha, dependendo das condições de uso, é um texto. Além disso, explicam em nota de rodapé que "competência discursiva" está sendo entendida "[...] como a capacidade de se produzir discursos — orais e escritos — adequados às situações enunciativas em questão, considerando todos os aspectos e decisões envolvidas nesse processo" (PCN, 1997, p. 35). Assim, o conceito de *competência discursiva* é tratado de forma vaga, sem que sejam explicitadas as concepções (língua, escrita, sujeito etc.) que subjazem a ele.

Os professores, nas escolas, têm buscado cumprir a exigência prescrita no PCN e no Referencial Curricular para a Educação Infantil, mas, como nem sempre compreendem o significado do trabalho com textos, é possível ouvir, nas salas de aula, as crianças se lamentarem ao realizar esse trabalho. Por outro lado, é visível, em muitas situações, particularmente nas instituições educativas que atendem às crianças de zero a seis anos, o uso generalizado de produção de textos do tipo lista. Dessa forma, as crianças são incentivadas a escrever listas de nomes de animais, de comidas típicas de festas juninas, de objetos que existem na sala de aula etc. Ironicamente, essa é uma alternativa encontrada para as prescrições e, conseqüentemente, para a ausência de políticas que visem a uma formação continuada e sistemática dos professores. Nesse sentido, há contradições entre o discurso educacional e a prática educativa. Se, por um lado, na prática escolar, podem-se verificar "mudanças", traduzidas nas atividades propostas nos livros adotados para ensinar as crianças a ler e a escrever e na proposição de atividades de "leitura e produção de textos"; por outro, essas atividades ainda reproduzem o que está posto nas antigas cartilhas de alfabetização.

Isso, portanto, é preocupante, principalmente em um contexto em que as discussões sobre os métodos de ensino e sobre as capacidades necessárias à aprendizagem da leitura e da escrita estão sendo retomadas com o propósito de revigorar antigas práticas de ensino da leitura e da escrita. Nesse contexto, a realização de pesquisas, no campo da alfabetização, contribui para consolidar avanços advindos de estudos em diferentes áreas (Psicologia, Lingüística, Educação etc.). e para evidenciar a necessidade de considerar no processo de ensino-aprendizagem a perspectiva do sujeito que aprende, pois a principal falha dos antigos métodos, baseados em uma visão comportamentalista da aprendizagem, é o fato de considerarem que as crianças apreendem a linguagem escrita de forma acabada e a partir da memorização das suas unidades mínimas.

Este livro está dividido em quatro partes. Na primeira, serão analisados criticamente os conceitos de alfabetização e de letramento veiculados no meio educacional brasileiro com a finalidade de construir um conceito de alfabetização que abranja as diversas dimensões desse processo. Além disso, a análise do conceito de letramento permitirá apontar como o uso desse termo tem afetado as concepções de alfabetização, podendo ser usado para apoiar posicionamentos que defendem o retorno de antigos métodos de ensino da escrita e da leitura que privilegiam as unidades mínimas da língua em detrimento da linguagem em uso; na segunda, serão discutidos aspectos teórico-metodológicos que orientaram o desenvolvimento da pesquisa que originou este livro. Assim, serão analisadas as contribuições de Vigotski e de Luria para o entendimento do desenvolvimento da escrita na criança, evidenciando como esse processo integra o desenvolvimento da linguagem na criança. Na terceira parte, são apresentadas as análises dos dados obtidos na pesquisa com as crianças, a partir de quatro categorias que foram construídas por meio do exame dos dados. Dessa forma, serão analisados, no trabalho de escrita de textos pelas crianças, escritas indiferenciadas, o emprego de formas icônicas, o esforço para lembrar os nomes e as formas de letras que desejavam registrar e o surgimento da capacidade de refletir sobre as unidades da linguagem oral. Na última parte, finalmente, serão tecidos comentários sobre princípios fundamentais que precisam ser incorporados à ação educativa e sintetizados resultados importantes das análises desenvolvidas nos capítulos anteriores.

Questões sobre a alfabetização e o letramento

Inicialmente, tendo em vista o objeto geral do estudo — investigar o desenvolvimento da linguagem escrita na criança — serão discutidos os conceitos de alfabetização e de letramento. Essa discussão se faz necessária porque possibilitará o exame crítico dos conceitos de letramento veiculados no Brasil e como eles têm afetado as concepções de alfabetização de modo a servir de base para o retorno de idéias que já demonstraram sua ineficiência na prática educativa.

Vigotski (1896-1934) assinala que a aprendizagem da linguagem escrita é fundamental, pois possibilita o uso voluntário e consciente da linguagem que as crianças utilizam no cotidiano. Nesse sentido, ao aprender a ler e a escrever, as crianças, por exemplo, tomam consciência da estrutura fônica das palavras que compõem os textos que usam para se comunicar com as outras pessoas.

> La investigación descubre además en qué consiste esa actitud diferente hacia la situación que se da en el lenguaje escrito. En éste, el niño ha de actuar voluntariamente, el lenguaje escrito es más voluntario que o oral. Ese es el *leitmotiv* de todo el lenguaje escrito. Ya la forma fónica de la palabra, que en lenguaje oral se pronuncia automáticamente, sin desmembrarla en sonidos aislados, exige en la escritura una ordenación, una separación. El niño, al pronunciar cualquier palabra, no se da cuenta conscientemente de os sonidos que pronuncia y no realiza ninguna operación intencionada al pronunciar cada sonido aislado. En el lenguaje escrito, por el contrario, debe tomar con-

ciencia de la estructura fónica de la palabra, desmembrarla y reproducirla voluntariamente en signos. (Vigotski, 2001, p. 231)[1]

A aprendizagem da linguagem escrita possibilita a tomada de consciência das unidades menores da língua (fonemas). Contudo, Vigotski (2000, p. 184)[2] acredita que a escrita não deve ser ensinada de forma mecânica, pois "[...] el dominio del lenguage escrito significa para el niño dominar un sistema de signos simbólicos extremamente complexo". Assim, critica o ensino artificial que converte a aprendizagem da leitura e da escrita em processo mecânico de associação entre sons e letras e vice-versa e, portanto, o fato de o domínio de um sistema complexo de signos se transformar "em algo que basta a si mesmo", passando a aprendizagem da linguagem escrita viva para um momento posterior.

As ponderações de Vigotski (2001), construídas na década de 1930, se tornam atuais no contexto das discussões sobre os processos de alfabetização e de letramento, pois esse autor assinalou que as crianças adquirem, no processo inicial de aprendizagem da linguagem escrita, a compreensão de que as palavras que pronunciamos são compostas por unidades menores e argumenta, ao mesmo tempo, que a escrita deve ter significado para as crianças, "[...] deve ser incorporada a uma tarefa necessária e relevante para a vida" (Vigotski, 2000, p. 133) e não ensinada como processo de associação entre letras e sons em que são exigidas apenas habilidades motoras e perceptivas.

Em sentido amplo, a alfabetização "[...] é o processo de inserção no mundo da linguagem escrita" (Gontijo, 2002, p. 2). Esse conceito remete, sobretudo, à idéia de que a alfabetização se inicia muito antes de as crianças entrarem para a escola, ou seja, aquelas crianças que nascem em meio urbano ou em meios onde as pessoas fazem uso da escrita e da leitura em diversas situações sociais têm a oportunidade de compreender as funções e os usos

1. Vigotski discutiu a questão da linguagem escrita e a sua aprendizagem no texto "Estudio del desarrollo de los conceptos científicos en la edade infantil". Esse texto que compõe o tomo II das Obras escogidas foi publicado, pela primeira vez, em 1934.

2. O texto de Vigotski (2000) utilizado como referência neste livro, segundo a cronologia apresentada no tomo III das Obras escogidas, foi escrito em 1931 e publicado pela primeira vez em 1960.

da escrita mesmo antes de serem matriculadas nas escolas. Além disso, a escrita é uma forma especial, nova e complexa de linguagem e, desse modo, o seu aprendizado constitui o processo mais amplo de desenvolvimento da linguagem na criança e integra vários aspectos.

Soares (2003a), em artigo publicado pela primeira vez em 1985, numa tentativa sistemática de construir subsídios para a construção de um conceito de alfabetização, diz que a tentativa de atribuir significado abrangente a esse processo não lhe parece apropriada, "nem etimológica nem pedagogicamente", pois é necessário, para a autora, "[...] diferenciar um processo de aquisição da língua (oral e escrita) de um processo de desenvolvimento da língua (oral e escrita); este é que, sem dúvida, nunca é interrompido" (Soares, 2003a, p. 15). Acredito que é preciso se ter clara a especificidade da alfabetização, mas como processo de apropriação da escrita, e o papel da escola como principal instituição, na nossa sociedade, responsável por garantir a sua aprendizagem; entretanto, não é possível desintegrá-la do processo de desenvolvimento da linguagem e nem tampouco esquecer os diversos *espaços-tempos* que possibilitam a sua apropriação.

Em termos etimológicos, a palavra alfabetização significa "levar a aquisição do alfabeto"; em outras palavras, implica a ação de levar a aquisição dos símbolos que compõem um dado sistema de escrita. Dessa forma, o significado etimológico da palavra alfabetização pouco contribui para a construção de um conceito que leve em conta a sua natureza complexa. Aprender as letras do alfabeto é muito importante, mas insuficiente para que um indivíduo ou um grupo de indivíduos seja considerado alfabetizado. Muitas vezes, podemos ver as crianças pequenas desenhando as letras do alfabeto ou repetindo oralmente sua seqüência sem compreender o que a escrita representa, os seus usos, funções etc.

Como indica Soares (2003a), tomando como referência a etimologia da palavra, pode-se atribuir à alfabetização conceito específico, como processo de codificação (escrever) e decodificação (leitura). Entretanto, em termos pedagógicos, é infrutífero conferir à alfabetização conceito somente específico, pois isso redundaria em uma visão que desconsidera que as palavras, os textos que lemos ou escrevemos expressam sentidos que queremos comunicar, registrar... Conseqüentemente, pode levar à adoção de métodos de ensino que a consideram um processo cuja finalidade é somente a aprendizagem dos sons e seus correspondentes gráficos ou das letras ou conjunto de letras e seus correspondentes sonoros, o que desconsidera aspectos fundamentais que integram a aprendizagem da leitura e da escrita.

Soares (2003a, p. 15) define a "[...] *alfabetização* em seu sentido próprio, específico: processo de aquisição do código escrito, das habilidades da leitura e escrita [...]" e salienta que o debate, na década de 1980, sobre a forma de conceber a alfabetização, desenvolveu-se "[...] em torno de dois pontos de vista que, de certa forma, estão presentes no duplo significado que os verbos *ler e escrever* possuem em nossa língua" (grifos da autora). Para Soares, na língua portuguesa, ler significa decodificar e compreender significados e escrever, codificar e expressar significados por meio da língua escrita. Assim, o primeiro ponto de vista considera que "[...] a alfabetização seria um processo de representação de fonemas em grafemas (escrever) e de grafemas em fonemas (ler) [...]" (ibid., p. 16) e, para o segundo, a alfabetização "[...] seria um processo de compreensão/expressão de significados" (ibid., p. 16). No entanto, esses dois conceitos do processo de alfabetização, segundo Soares (2003a), são parcialmente corretos, mesmo quando combinados em um único conceito.

O primeiro conceito é parcialmente correto, pois, como assinala Soares (2003a, p. 17), "[...] a língua escrita não é uma mera representação da língua oral, como faz supor [...]" esse conceito. São poucas as situações, no sistema de escrita da língua portuguesa, em que há uma correspondência biunívoca entre sons e letras. Entretanto, nessa perspectiva, o aprendizado da língua escrita é visto como um processo de repetição e memorização de letras, sílabas e seus correspondentes sonoros, sem levar em conta a compreensão de como funcionam essas relações.

Ademais, o conceito de alfabetização como um processo de compreensão/expressão de significados também é parcialmente correto, porque existe "[...] uma especificidade morfológica, sintática e semântica da língua escrita: não se escreve como se fala, mesmo quando se fala em situações formais; não se fala como se escreve, mesmo quando se escreve em contextos informais" (Soares, 2003a, p. 17). Na realidade, a fala, por exemplo, em determinadas situações de comunicação, conta com uma série de recursos não verbais que, muitas vezes, não podem ser descritos com os recursos de um sistema de escrita; o discurso falado possui abreviações e lacunas que o torna compreensível apenas no contexto da comunicação face a face. Além disso, as características de um texto escrito ou de um texto oral dependem das situações em que é utilizado e para quem está dirigido.

Assim, as crianças aprendizes da leitura e da escrita precisam compreender as relações entre grafemas e fonemas e vice-versa; isto é, o processo de compreensão dessas relações deve integrar a alfabetização. É interessante observar que ressalto o processo de *compreensão* e não apenas de memorização das associações entre sons e letras e vice-versa, como estiveram propostos em métodos e cartilhas amplamente utilizados nas salas de aula. Por outro lado, precisam entender as características do discurso falado e do discurso escrito tendo em vista as suas diversas finalidades e circunstâncias de usos. Se, de certa forma, concordo com Soares (2003a) que a alfabetização é um processo de natureza lingüística e, portanto, não há como negar essa dimensão, também defendo a idéia de que a alfabetização é um processo de produção de sentidos, por meio do trabalho de leitura e de escrita. Ao escrever e ler, as crianças não apenas codificam sons, de acordo com as convenções ortográficas que regulam o sistema de escrita ou decodificam letras, mas produzem sentidos, sendo esse aspecto essencial ao processo de ensino-aprendizagem da linguagem escrita. Como aponta Smolka (1989, p. 69),

> [...] a alfabetização não implica, obviamente, apenas a aprendizagem da escrita das letras, palavras e orações. Nem tampouco envolve apenas uma relação da criança com a escrita. A alfabetização implica, desde a sua gênese, a *constituição do sentido*. Desse modo, implica, mais profundamente, uma *forma de interação com o outro pelo trabalho* de escritura — para quem escrevo o que escrevo e por quê? A criança pode escrever para si mesma, palavras soltas, tipo lista, para não esquecer; tipo repertório, para organizar o que já sabe. Pode escrever ou pode tentar escrever um texto, mesmo fragmentado, para registrar, narrar, dizer... Mas essa escrita precisa ser sempre permeada por um sentido, por um desejo, e implica ou pressupõe, sempre, um interlocutor. (Grifos da autora)

Assim, a alfabetização não envolve apenas os processos de compreensão das relações entre fonemas e grafemas e de passagem/recriação do discurso oral para/em discurso escrito e vice-versa, mas é também um processo de produção de sentidos por meio do trabalho de leitura e de escritura. Então, ler e escrever são atividades por meio das quais as crianças expõem para os outros e para si mesmas o que pensam, sentem, desejam, gostam, concordam, discordam etc. Nesse sentido, é interação com o outro, por meio da leitura e da escritura; é, portanto, um processo dialógico desde o início. Penso que a idéia de dialogismo está presente nas concepções de Vigotski, ao mencionar que a escrita precisa ser ensinada como atividade relevante para a vida, como linguagem.

Sabemos, no entanto, com relação ao processo inicial de alfabetização de crianças, que a natureza lingüística (fonética e fonológica) desse processo sempre foi privilegiada. Além disso, a mera memorização de sons e seus respectivos correspondentes gráficos (letras ou sílabas) ou vice-versa eram privilegiados durante esse processo e as relações apenas de diferenças entre discurso oral e discurso escrito aprendidas em um momento posterior a esse, pois, para compreender e expressar significados, por meio de textos de escritos, fazia-se necessária a memorização do código. Essa desintegração possibilitou, na maioria das vezes, durante muito tempo e ainda hoje, que o ensino-aprendizagem inicial da leitura e da escrita fosse reduzido, como mencionado, a um processo de repetição e memorização, permitindo a construção de visões distorcidas sobre as finalidades desse aprendizado. O que importa, muitas vezes, para as crianças é como escreve e se como escreve atende ao que o professor espera. O fato de a escrita ser uma forma de linguagem, que reflete o pensamento de uma dada sociedade, por meio da qual nos posicionamos no mundo, dialogamos com as pessoas no mundo e com as produções humanas, está ausente dos modos como muitas crianças passam a conceber a escrita.

Tfouni (1995, p. 14) aponta, também, que "[...] existem duas formas segundo as quais comumente se entende a alfabetização: ou como processo de aquisição individual de habilidades requeridas para a leitura e a escrita, ou como processo de representação de objetos diversos". A primeira forma de conceber a alfabetização se refere ao primeiro ponto de vista citado por

Soares (2003a) como processo de codificação / decodificação. Para a autora, "[...] o mal-entendido que parece estar na base da primeira perspectiva é que a alfabetização é algo que chega ao fim, e pode, portanto, ser descrita sob a forma de objetivos instrucionais" (Tfouni, 1995, p. 15). Desse modo, argumenta que, a seu ver, a principal característica da alfabetização é a sua "incompletude" e, portanto, a necessidade de estabelecimento de objetivos a serem atingidos tem relação com o "controle mais da escolarização do que da alfabetização". Nesse contexto, Tfouni (1995) critica a tentativa de atribuir sentido específico à alfabetização, pois compreendida dessa forma está, conforme assinala Giroux (1983, apud Tfouni, 1995, p. 17), citado pela autora,

> [...] subjugada à lógica e às necessidades do capital e o seu valor é definido e medido pela exigência daquelas habilidades de ler e escrever necessárias para a expansão do processo de trabalho envolvido na "produção em massa de informação, comunicação e finanças".

Por outro lado, Tfouni (1995, p. 19) argumenta que a segunda concepção — processo de representação — considera que devem ser enfocados "[...] os 'aspectos construtivos' das produções infantis durante a alfabetização". A autora critica essa concepção por considerar o processo de aquisição da escrita linear, pois, para ela,

> [...] a realidade [...] passa por outras variáveis, e vai desde a questão da escolarização, que ocorre em geral junto com a alfabetização, até a consideração de que esse não é um processo linear, que envolve níveis de complexidade crescentes, em cada um dos quais diferentes objetos são contemplados e construídos pela criança. (Ibid., p. 20)

Certamente, Ferreiro e Teberosky (1989), ao indicar os estágios evolutivos do desenvolvimento da escrita nas crianças, passam a idéia de que esses estágios seguem uma linha reta, sem complicações e independentes dos contextos em que se desenvolve a aprendizagem. Contudo, essas autoras demonstraram também que o domínio do caráter alfabético da escrita não resulta somente de um processo de memorização das associações entre sons e letras e vice-versa, mas da busca ativa das crianças em compreender o que a escrita representa e como representa unidades da fala. Nesse sentido, mostraram que a compreensão da natureza lingüística da escrita não é um processo mecânico, resultado de repetição e memorização das associações entre unidades da fala e letras e isso deve ser assinalado como um importante avanço. Ao mesmo tempo, concordo com Tfouni (1995), pois é visível a tentativa dessas autoras de indicarem processos invariantes e um curso evolutivo linear para o desenvolvimento da escrita na criança.

Soares (2003a, p. 17) discute ainda um terceiro ponto de vista que esteve presente nas discussões, na década de 1980, que, segundo ela, volta-se, diferentemente dos outros dois (processo de codificação e decodificação, processo de expressão/compreensão de significados), para o aspecto social: "[...] a conceituação da alfabetização não é a mesma, em todas as sociedades", porque as funções da língua escrita variam de sociedade para sociedade. Desse modo, conclui pela necessidade de conciliação desses pontos de vista na elaboração de um conceito coerente de alfabetização.

> Em síntese: uma teoria coerente da alfabetização deverá basear-se em um conceito desse processo suficientemente abrangente para incluir a abordagem "mecânica" do ler/escrever, o enfoque da língua como um meio de compreensão/expressão, com especificidade e autonomia em relação à língua oral, e, ainda, os determinantes sociais das funções e fins da aprendizagem da língua escrita. (Soares, 2003a, p. 18)

As discussões de Soares (2003a) são importantes e contribuem para a construção de um conceito de alfabetização que abranja as suas diferentes dimensões. Porém, a proposição de que uma teoria de alfabetização deve abarcar dois pontos de vistas considerados, no mesmo trabalho pela autora, como parcialmente corretos mesmo quando integrados em um único conceito, é contraditória. Penso que se esses conceitos são parcialmente corretos, e efetivamente são, eles devem ser (re)significados para que se possa construir um conceito ou teoria de alfabetização que abranja suas diferentes dimensões.

Soares (2003b), ao retomar as ponderações feitas no texto de 1985, quase vinte anos depois, parece encontrar uma solução para a contradição, ao propor, nesse novo artigo, que se defenda, por um lado, a especificidade do processo de alfabetização e, por outro, do processo de letramento e, ao mesmo tempo, a indissociabilidade entre esses processos. Como no artigo de 1985, parte da idéia de que a atribuição de conceito abrangente à alfabetização não é apropriada.

Alguns aspectos desse artigo (Soares, 2003b) são particularmente interessantes, se forem consideradas as mudanças conceituais e político-pedagógicas ocorridas nas décadas de 1980 e 1990 em torno da alfabetização. A autora discute essas mudanças, pois, segundo ela, ajudam a compreender a perda da especificidade da alfabetização como processo de natureza lingüística. Assim, assinala duas causas, surgidas durante as últimas décadas, para a perda dessa especificidade: a primeira, pedagógica, e a segunda se refere à "[...] mudança conceitual a respeito da aprendizagem da língua escrita que se difundiu no Brasil a partir de meados dos anos 1980" (Soares, 2003b, p. 7).

Ao mencionar as causas pedagógicas, diz se limitar a indicar "[...] a reorganização do tempo escolar, com a implantação dos sistemas de ciclos" e a progressão continuada que, apesar dos aspectos positivos de ambas, quando mal empregadas, podem redundar na falta de garantia de alcance de objetivos parciais e, portanto, numa pulverização do que deve ser aprendido sem a garantia de efetiva aprendizagem em cada ano escolar. Na realidade, durante a década de 1990, as políticas públicas, no campo educacional, visaram à redução dos financiamentos pelo Poder Público e, por isso, foram colocados em vigor programas como os mencionados, de caráter compensatório, que não contribuíram (e nem tinham esse objetivo) para a melhoria da qualidade da educação básica no Brasil.

Com relação à segunda causa, responsável pela perda de especificidade da alfabetização, a autora menciona a introdução, divulgação no meio educacional da teoria construtivista ou interacionista. Assim, a partir da década de 1980, como se sabe e mostra Soares (2003b), com a divulgação do estudo de Ferreiro e Teberosky (1989) sobre a *psicogênese da língua escrita*, viu-se a inauguração de uma nova forma de conceber a aprendizagem da leitura e da escrita e o crescimento da crença de que essa visão ajudaria a solucionar os problemas educacionais ligados à alfabetização, na América Latina. Essas duas autoras mostraram os processos de desenvolvimento da escrita na criança, especificando como ela aprende a escrever; em outras palavras, evidenciaram, do ponto de vista do sujeito que aprende, o percurso que leva ao domínio da escrita alfabética.

Segundo Soares (2003b, p. 8), a divulgação desse estudo no Brasil

> [...] alterou profundamente a concepção do processo de construção da língua escrita, pela criança, que deixa de ser considerada como dependente de estímulos externos para aprender o sistema de escrita — concepção presente nos métodos de alfabetização até então em uso, hoje designados "tradicionais" — e passa a ser sujeito ativo capaz de progressivamente (re)construir esse sistema de representação, interagindo com a língua escrita em seus usos e práticas sociais, isto é, interagindo com material "para ler", não com material artificialmente produzido para "aprender a ler"; os chamados pré-requisitos para a aprendizagem da escrita, que caracterizariam a criança "pronta" ou "madura" para ser alfabetizada — pressuposto dos métodos tradicionais de alfabetização — são negados por uma visão interacionista, que rejeita uma ordem hierárquica de habilidades, afirmando que a aprendizagem se dá por uma progressiva construção do conhecimento, na relação com o objeto "língua escrita"; as dificuldades da criança, no processo de construção do sistema de representação que é a língua escrita — consideradas "deficiências" ou "disfunções", na perspectiva dos métodos "tradicionais" — passam a ser vistas como "erros construtivos", resultado de constantes reestruturações.

A importância dessa concepção, principalmente no que se refere a alguns dos aspectos destacados por Soares (2003b), é incontestável. A criança é um sujeito ativo, pois busca interpretar as informações que circulam à sua volta e constrói, ao longo da aprendizagem, hipóteses sobre como a escrita representa a fala e, por isso, as suas primeiras escritas não podem ser consideradas indicadores de "disfunções" ou "deficiências" mentais ou sensoriais. Contudo, essa concepção, especialmente a ênfase exagerada na atividade da criança, teve como conseqüência a minimização da necessidade da mediação pedagógica, possibilitando equívocos que redundaram em prejuízos principalmente para os aprendizes. Por outro lado, a expectativa de que essa nova concepção contribuiria para diminuir os índices de fracasso escolar não se concretizou, pois avaliações externas à escola, como o SAEB,

ENEM e PISA, têm evidenciado o precário desempenho dos estudantes do Ensino Fundamental e do Ensino Médio em leitura e em escrita.

Segundo Soares (2003b), apesar da contribuição da teoria de Ferreiro e Teberosky (1989) para a compreensão do percurso que leva à aprendizagem do sistema alfabético de escrita, ela contribuiu também para a perda da especificidade do processo de alfabetização, ao dirigir

> o foco para o processo de construção do sistema de escrita pela criança, passou-se a subestimar a natureza do objeto de conhecimento em construção, que é, fundamentalmente, um objeto lingüístico constituído quer se considere o sistema alfabético quer o sistema ortográfico, de relações convencionais e freqüentemente arbitrárias entre fonemas e grafemas. Em outras palavras, privilegiando a faceta psicológica da alfabetização, obscureceu-se sua faceta lingüística — fonética e fonológica. (Soares, 2003b, p. 8)

Não acredito que os estudos psicogenéticos contribuíram para a perda da especificidade da alfabetização como processo de natureza lingüística, pois penso que esses estudos focalizaram essa dimensão. O problema está em considerar que as hipóteses construídas pelas crianças sejam invariantes e seguem um curso linear, porque, visto dessa maneira, leva à idéia de que a escrita se desenvolve naturalmente e sem que as condições onde se realiza a alfabetização possam alterar o seu desenvolvimento. Em outras palavras, Soares (2003b) esquece que Ferreiro e Teberosky (1989) concebem a língua escrita como um objeto de natureza lingüística. Por isso mesmo, mostram, por meio das etapas da evolução da escrita, como as crianças constroem hipóteses sobre as relações entre unidades das palavras e letras (supondo, no denominado período de fonetização da escrita, apenas dois tipos de relações — entre sílaba e letra e entre fonemas e letras).

No Brasil, o período de fonetização da escrita, estudado pelas autoras, é a etapa da evolução da escrita mais divulgada entre os professores das séries iniciais do Ensino Fundamental e da Educação Infantil. Desse modo, considero que Ferreiro e Teberosky (1989) não obscureceram a natureza lingüística do processo de alfabetização; elas a colocaram em foco e mostraram, por meio de pressupostos psicogenéticos, que as relações entre letras e unidades da língua oral são construídas ativamente pelos sujeitos aprendizes do sistema de escrita; há um percurso de desenvolvimento revelador dos seus esforços em compreender o *que a escrita representa e como representa a fala*. A meu ver, como dito, o problema reside em considerar esse percurso independente da aprendizagem e, por isso mesmo, em pensar que todas as crianças passam pelas mesmas etapas e do mesmo modo. Ferreiro e Teberosky (1989), ao analisarem as conseqüências pedagógicas das suas teorizações, criticam enfaticamente as propostas metodológicas tradicionais de alfabetização, apontando o seu distanciamento de um processo de *progressão natural da criança*.

Assim, o problema oriundo dos posicionamentos das autoras não está relacionado com a perda ou com o obscurecimento da especificidade do processo de alfabetização (pois elas enfocam a natureza lingüística desse processo), mas com a visão de que a teoria por elas elaboradas demonstra a independência do percurso de desenvolvimento da criança em relação à intervenção docente, do ensino "tradicional" baseado na repetição. Penso que o desenvolvimento da criança é influenciado por qualquer tipo de ensino.

Sendo assim, a "falsa inferência", mencionada por Soares (2003b), de que a concepção "construtivista ou interacionista" de alfabetização é incompatível com os métodos de alfabetização derivou da idéia de que o processo de compreensão da natureza lingüística da escrita ocorre por meio da interação sujeito e objeto (escrita), independentemente dos processos de ensino. Portanto, aquilo que parece, para Soares (2003b), ser uma falsa inferência é de fato originário do modo como Ferreiro e Teberosky (1989) compreendem a evolução da escrita na criança: um processo que segue uma progressão independente dos processos de ensino.

Resumindo, de acordo com o meu ponto de vista, a idéia derivada dos estudos de Ferreiro e Teberosky (1989), de incompatibilidade entre a perspectiva defendida por essas autoras e os métodos de alfabetização, é conseqüência da idéia de que o percurso de desenvolvimento que leva ao domínio da escrita alfabética é independente do modo como a criança aprende a língua escrita na sala de aula. Nesse sentido, os métodos, por desconsiderarem a atividade da criança, passaram a ser vistos como prejudiciais ao desenvolvimento da linguagem escrita. Por outro lado, as dimensões privilegiadas pelas autoras do processo de alfabetização são a psicológica e também a lingüística, diferenciando-se fundamentalmente de outras visões subjacentes aos métodos "tradicionais" de ensino, no que diz respeito à possibilidade de construção de hipóteses pelas crianças sobre as relações entre o oral e o escrito.

Contraditoriamente, na prática, se passou, em muitas situações, a privilegiar propostas que não levam em conta a dimensão lingüística da alfabetização. Uma alternativa complicada, pois a escrita, objeto de conhecimento, é de natureza lingüística, cultural e socioideológica. Acredito que as relações entre fonemas e grafemas têm que ser ensinadas e, para isso, é necessária uma organização didática do processo de ensino-aprendizagem, pois as crianças não aprendem as convenções que regulam essas relações no sistema de escrita sem o auxílio de alguém que compreenda essas relações e convenções. Sendo assim, a escolha ou elaboração de métodos ou propostas de alfabetização deve levar em conta que, com relação à aprendizagem da linguagem escrita,

> [...] diferentemente da aprendizagem da linguagem oral, não é suficiente que as crianças tenham nascido em um meio social onde vivem pessoas letradas para que venham a aprender a ler e a escrever. Os processos que se constituem nas crianças, durante a fase inicial de alfabetização, resultam das relações com as outras pessoas (adultos ou outras crianças) que lhes ensinam a ler e a escrever. Do ponto de vista pedagógico, é essencial ter em mente que a capacidade de usar a escrita para si como os outros a utilizam não surge e se desenvolve de forma espontânea e naturalmente. Uma criança que passa a usar as letras do alfabeto para escrever as suas idéias, as alheias, para recordar e para intervir sobre os outros precisa vivenciar inúmeras situações em que as pessoas lêem e escrevem para ela e a incentivam a ler e a escrever. (Gontijo, 2003, p. 136)

Processo de letramento

O termo letramento começa a ser usado, no Brasil, com mais intensidade, na década de 1990, por estudiosos dos campos da Educação e da

Lingüística. Durante essa década, teve-se conhecimento da publicação de vários trabalhos que colocam em foco esse processo. Soares (1999) indica as primeiras ocorrências do termo na literatura brasileira: Kato (1987), Tfouni (1988) e, na década de 1990, Kleiman (1995). Após essas ocorrências, indicadas por Soares (1999), cresceu bastante as obras que anunciam e discutem esse processo.

Kato (1987, p. 7), ao mencionar, no início da sua obra, qual é, do seu ponto de vista, a função da escola, esclarece:

> Meu pressuposto, neste livro, é o de que a função da escola, na área da linguagem, é introduzir a criança no mundo da escrita, tornando-a um *cidadão funcionalmente letrado*, isto é, um sujeito capaz de fazer uso da linguagem escrita para sua necessidade individual de crescer cognitivamente e para atender às demandas de uma sociedade que prestigia esse tipo de linguagem como instrumento de comunicação. (Grifos meus)

Nesse sentido, ser funcionalmente letrado está relacionado, para a autora, com as possibilidades de crescimento individual/cognitivo e de atendimento às demandas da sociedade, em que as necessidades de comunicação, por meio da escrita, se tornam cada vez mais diversificadas.

Kleiman (1995), no artigo que abre a coletânea de textos do livro *Os significados do letramento: uma nova perspectiva sobre a prática social da escrita*, justifica/argumenta sobre o uso do termo letramento no meio acadêmico. Segundo a autora,

> [...] o conceito de letramento começou a ser usado nos meios acadêmicos numa tentativa de separar os estudos sobre o "impacto social" (Kleiman, 1991) dos estudos sobre alfabetização, cujas conotações escolares destacam as competências individuais no uso e na prática da escrita. (Kleiman, 1995, p. 16)

Assim, a autora esclarece que os estudos sobre letramento têm caráter macro e micro, uma vez que examinam "[...] as mudanças políticas, sociais, econômicas e cognitivas relacionadas com o uso intensivo da escrita nas sociedades tecnológicas [...]" (ibid., p. 16) e, também, os impactos em grupos sociais "minoritários" ou "sociedades não industrializadas" que passam a usar a escrita. Assim, para a autora, os significados do letramento ou do que é ser letrado variam conforme o enfoque, podendo significar *ter desenvolvido e usar uma capacidade metalingüística em relação à própria linguagem* ou "[...] uma prática discursiva de determinado grupo social, que está relacionado com o papel da escrita para tornar significativa essa interação oral, mas que não envolve, necessariamente, as atividades de ler ou de escrever" (ibid., p. 16). A segunda argumentação, que justifica, conforme a autora, o uso do termo letramento em vez "[...] do tradicional 'alfabetização' está no fato de que, em certas classes sociais, as crianças são letradas, no sentido de possuírem estratégias orais letradas, antes mesmo de serem alfabetizadas" (ibid., p. 18). Dessa forma, ser letrado não está diretamente ligado à aquisição da técnica da escrita, mas ao fato de as crianças estarem inseridas em práticas de leitura e de escrita. A autora exemplifica o que foi dito:

> Uma criança que compreende quando o adulto lhe diz: "Olha o que a fada madrinha trouxe hoje!" está fazendo uma relação com um texto escrito, o conto de fadas: assim, ela está participando de um evento de letramento (porque já participou de outros, como o de ouvir uma estória antes de dormir); também está aprendendo uma prática discursiva letrada, e portanto essa criança pode ser considerada letrada, mesmo que ainda não saiba ler e escrever. Sua oralidade começa a ter as características da oralidade letrada, uma vez que é junto à mãe, nas atividades do cotidiano, que essas práticas orais são adquiridas. (Ibid., p. 18)

Soares (1999) também justifica a necessidade de uso do termo letramento, argumentando que a contínua superação do analfabetismo, decorrente de um número cada vez maior de pessoas que aprenderam a ler e a escrever, aliada ao fato de a sociedade se tornar mais "centrada na escrita" evidenciou um novo fenômeno:

> [...] não basta apenas aprender a ler e a escrever. As pessoas se alfabetizam, aprendem a ler e a escrever, mas não necessariamente incorporam a prática de leitura e de escrita, não necessariamente adquirem competência para usar a leitura e a escrita, para envolver-se com práticas sociais de escrita. (Soares, 1999, p. 45-46)

Assim, é exatamente o fato de os indivíduos não adquirirem, após a aprendizagem da leitura e da escrita, o estado ou a condição necessária à inserção no mundo da escrita ou em práticas sociais de leitura e escrita que explica, segundo a autora, a necessidade e o uso do termo letramento. Para que um indivíduo ou grupo de indivíduos possa ser considerado letrado, não basta ser alfabetizado, mas é preciso estar em condições de fazer uso da leitura e da escrita na sociedade, ou seja, ter adquirido um estado que possibilite a sua inserção em práticas sociais de leitura e de escrita.

Kleiman (1995, p. 19), com base em Scribner e Cole (1981), define o letramento "[...] como um conjunto de práticas sociais que usam a escrita, enquanto sistema simbólico e enquanto tecnologia, em contextos específicos, para objetivos específicos" sendo a prática escolar de uso da escrita um tipo de prática de letramento que "[...] desenvolve alguns tipos de habilidades, mas não outros, e que determina uma forma de utilizar o conhecimento sobre a escrita" (Kleiman, 1995, p. 19). Assim, a autora distingue a alfabetização do letramento, pois a primeira é apenas um tipo de prática de letramento, desenvolvida nas instituições escolares, que visa à aquisição de códigos escritos. A segunda extrapola as práticas escolares, pois é entendida como prática social desenvolvida em diversas instituições sociais (família, Igreja, espaço de trabalho são as agências citadas pela autora).

Soares (1999, p. 144) também afirma que o letramento é muito mais amplo do que a alfabetização, ele é

> [...] um estado, uma condição: o estado ou condição de quem interage com diferentes portadores de leitura e de escrita, com diferentes gêneros e tipos de leitura e escrita, com diferentes funções que a leitura e a escrita desempenham em nossa vida. Enfim, letramento é o estado ou condição de quem se envolve nas numerosas e variadas práticas de leitura e de escrita.

Essa forma de conceber o processo de letramento é coerente com a proposta de Soares (2003a) de atribuir à alfabetização um conceito específico. Desse modo, Kleiman (1995) e Soares (1999) distinguem alfabetização e letramento. Para a primeira, o letramento é um conceito amplo que abrange todas as práticas sociais de leitura e de escrita em diferentes espaços e tempos, e, para Soares (1999), letramento também é um conceito amplo que serve para nomear o estado e a condição que os indivíduos ou grupos sociais adquirem para fazer uso da leitura e da escrita na sociedade, para inserir-se efetivamente na cultura letrada.

Ao atribuir ao letramento conceito amplo, as autoras conferem à alfabetização conceito específico: processo que possibilita a aprendizagem do código escrito; elas afirmam, desse modo, a sua natureza lingüística, especificamente, os aspectos fonético e fonológico. Acredito que, tanto no plano prático como no plano teórico, essa distinção pode ser complicada, pois poderá ocasionar o revigoramento de dualidades que se baseiam no privilégio da natureza lingüística (fonética e fonológica) do processo de alfabetização e no obscurecimento das reais condições escolares e histórico-sociais que impediram e impedem o acesso igualitário aos conhecimentos em sociedades que se desenvolveram / desenvolvem às custas das desigualdades e da exploração. Assim, o uso do conceito de letramento e os argumentos que o explicam podem servir a interesses impensados: por exemplo, a idéia de o processo de alfabetização não se constituir requisito para o alcance de um determinado nível de letramento pode induzir a questionamentos sobre a necessidade de garantia de acesso ao ensino-aprendizagem da leitura e da escrita; o que seria desastroso para os indivíduos que vivem em um meio social não letrado.

Tfouni (1995, p. 9) assinala que a relação entre escrita, alfabetização e letramento é do produto e do processo: "[...] enquanto os sistemas de escrita são um produto cultural, a alfabetização e o letramento são processos de aquisição de um sistema escrito". Afirma ainda:

> A alfabetização refere-se à aquisição da escrita enquanto a aprendizagem de habilidades para a leitura, escrita e as chamadas práticas de linguagem. Isso é levado a efeito, em geral, por meio do processo de escolarização e, portanto, da instrução formal. A alfabetização pertence, portanto, ao âmbito do individual.
>
> O letramento, por sua vez, focaliza os aspectos sócio-históricos da aquisição da escrita. Entre outros casos, procura estudar e descrever o que ocorre nas sociedades quando adotam um sistema de escritura de maneira restrita ou

> generalizada; procura ainda saber quais práticas psicossociais substituem as práticas "letradas" em sociedades ágrafas. Desse modo, o letramento tem por objetivo investigar não somente quem é alfabetizado, mas também quem não é alfabetizado, e, nesse sentido, desliga-se de verificar o individual e centraliza-se no social. (Ibid., 1995, p. 9-10)

A idéia de distinguir os processos de alfabetização e de letramento com a consideração de que o primeiro pertence ao "âmbito do individual" e de que o segundo focaliza somente aspectos sócio-históricos, porque os estudos sobre o processo de letramento se detêm na análise dos impactos da incorporação da língua escrita em sociedades ou grupos e o processo de alfabetização se detém em aspectos relacionados com a aquisição do código, não é esclarecida. Contudo, essa distinção me parece desprovida de sentido, se o que se quer pensar como social é aquilo que se reflete ou ocorre no grupo ou sociedade e considerar como individual aquilo que acontece com o indivíduo. Tudo que acontece com e no indivíduo é social: o problema é que alguns estudos, no campo da Psicologia, sobre como a criança aprende a ler e a escrever têm considerado o desenvolvimento da leitura e da escrita dessa forma, resultado da ação dos sujeitos sobre o objeto de conhecimento e, sobretudo, das operações lógico-matemáticas realizadas pelo indivíduo; entretanto, essa não é a única forma de conceber esse processo e nem significa que é definitiva.

A alfabetização é um processo histórico-social de inserção da criança no mundo da linguagem escrita ou da cultura escrita. Primeiro, porque as crianças apropriam-se, durante a alfabetização, de um objeto cultural, resultado da prática e da vida social (a escrita). Tratando-se das relações entre o oral e o escrito, o fato de os sistemas de escrita permitirem pensar as unidades da linguagem oral resultou de práticas sociais de uso de sistemas que, inicialmente, tinham fins comunicativos e mnemônicos; segundo, os processos interiores que possibilitam a realização dessas relações e seu uso para produzir sentidos provêm de uma atividade, inicialmente, exterior, interpsicológica, portanto, social.

Por fim, é importante lembrar que as produções humanas, incluindo ainda as práticas sociais, existem, porque foram pensadas, vividas, construídas pelas pessoas e, portanto, podem ser recriadas somente pelas pessoas que participam de um grupo social. Assim, o social e o individual são dimensões indivisíveis das práticas e dos objetos com os quais as pessoas têm que lidar na vida social. Dessa forma, o que caracteriza o processo de alfabetização como histórico-cultural é o fato de os elementos constitutivos desse processo serem resultado de práticas sociais e essa se constituir também uma prática social. As crianças não inventam, durante o processo de alfabetização, o sistema de escrita, o lápis, o caderno etc. e nem tampouco inventam os modos de sua utilização; elas se apropriam do resultado do desenvolvimento social e, ao fazerem, garantem a continuidade da história e, portanto, a construção de novos instrumentos, novas práticas pelo processo de diversificação e reconstrução das já existentes. Acredito que esses elementos, por si sós, evidenciam a inconsistência e a falta de sentido em querer colocar a alfabetização no "âmbito do individual" e o processo de letramento no âmbito do sócio-histórico.

Conceito de alfabetização

Destaquei, anteriormente, a proposta de Soares (2003b) de reinvenção da alfabetização com base nas defesas da sua especificidade, como processo de natureza lingüística, da especificidade do processo de letramento ligada à capacidade de fazer uso funcional da escrita e da leitura na sociedade e da indissociabilidade desses dois processos. Ainda como mencionado, a proposição de que uma teoria abrangente de alfabetização deve estar fundada na conciliação dos pontos de vista vigentes na década de 1980 é contraditória. Contudo, conforme mencionado, a contradição parece ser solucionada por meio da proposta de reinvenção da alfabetização, ou seja, no privilégio da sua natureza lingüística e no uso do termo letramento para se referir aos usos e funções da escrita na sociedade, à participação dos indivíduos em práticas de leitura e de escrita.

Acredito, como expresso inicialmente por Soares (2003a), que um conceito de alfabetização deve incorporar diferentes aspectos que integram esse processo. Dessa forma, a questão central sobre a teoria ou conceito da alfabetização não está relacionada com a necessidade de recuperar/defender a especificidade desse processo. A meu ver, a questão central está na necessidade de construção de um conceito aberto, portanto, capaz de abranger as diferentes práticas de produção de textos orais e escritos e as diferentes possibilidades de leitura produzidas e reproduzidas pelos diversos grupos sociais e a sua dimensão lingüística. Nesse sentido, a alfabetização deve ser vista como prática sociocultural em que se desenvolvem as capacidades de produção de textos orais e escritos, de leitura e de compreensão das relações entre sons e letras.

A idéia de indissociabilidade dos processos de alfabetização e de letramento já havia sido anunciada pela autora (1999), ao afirmar que "[...] o ideal seria alfabetizar letrando, ou seja: ensinar a ler e a escrever no contexto das práticas sociais de leitura e da escrita, de modo que o indivíduo se tornasse, ao mesmo tempo, alfabetizado e letrado" (Soares, 1999, p. 47). Em meu ponto de vista, essa idéia serve, no contexto das elaborações da autora, para que o conceito de alfabetização subjacente aos antigos métodos de alfabetização que privilegiavam apenas as associações entre unidades da fala e letras ou conjunto de letras não venha a ser revigorado.

Como mostrado, a idéia de especificidade da alfabetização também não é atual (Soares, 2003a), mas novos argumentos são apresentados para a sua sustentação. Soares (2003b, p. 9) aponta que, em países como a França e os Estados Unidos, os princípios denominados construtivistas têm sido questionados e tem se discutido a necessidade de ensino direto das relações entre fonema-grafema. Nesse sentido, por considerar a alfabetização um processo específico e para evitar o retorno de antigos debates entre os defensores dos métodos analíticos e sintéticos (fônico) de alfabetização (como tem ocorrido nos Estados Unidos), defende a indissociabilidade entre o processo de alfabetização e o processo de letramento (como na França), considerando a dissociação entre esses processos um equívoco,

> [...] porque, no quadro das atuais concepções psicológicas, lingüísticas e psicolingüísticas de leitura e escrita, a entrada da criança (e também do adulto analfabeto) no mundo da escrita se dá simultaneamente por [...] dois processos: pela aquisição do sistema convencional de escrita — a alfabetização, e

> pelo desenvolvimento de habilidades de uso desse sistema em atividades de leitura e escrita, nas práticas sociais que envolvem a língua escrita — o letramento. (Soares, 2003b, p. 12)

Dessa forma, coerente com as idéias de especificidade do processo de alfabetização e do processo de letramento, Soares (ibid., p. 13) defende ainda a coexistência dos termos por designarem processos, em sua opinião, "[...] de natureza fundamentalmente diferentes envolvendo conhecimentos, habilidades e competências específicos, que implicam formas de aprendizagens diferenciadas e, conseqüentemente, procedimentos diferenciados de ensino". Para tornar mais clara as suas propostas, a autora escreve:

> Em síntese, o que se propõe é, em primeiro lugar, a necessidade de reconhecimento da especificidade da alfabetização, entendida como processo de aquisição e apropriação do sistema da escrita, alfabético e ortográfico; em segundo lugar, e como decorrência, a importância de que a alfabetização se desenvolva num contexto de letramento — entendido este, no que se refere à etapa inicial da aprendizagem da leitura e da escrita, como a participação em eventos variados de leitura e de escrita, e o conseqüente desenvolvimento de habilidades de uso da leitura e da escrita nas práticas sociais que envolvem a língua escrita, e de atitudes positivas em relação a essas práticas... (Ibid., p. 14)

Assim, a primeira proposta diz respeito à especificidade do processo de alfabetização como processo de natureza lingüística; a segunda enfatiza que a alfabetização precisa ocorrer em situações de uso da leitura e da escrita. Nesse sentido, as propostas privilegiam duas dimensões: a lingüística e a pragmática. Creio que essas duas dimensões não são suficientes para subsidiar a prática educativa de ensino da língua escrita e nem tampouco para fundamentar uma teoria que busca compreender de maneira integrada as várias dimensões que fazem parte desse processo.

Ferreiro (2002, p. 55), ao escrever sobre o *imperialismo lingüístico e suas conseqüências ortográficas*, chama a atenção para o fato de que esse imperialismo "[...] expressa-se também em outras frentes: adotam-se novas palavras por *assimilação*, mesmo quando existem termos perfeitamente estabelecidos na língua" (grifo meu). Na realidade, a autora quer dizer que o termo inglês *literacy* "[...] deu lugar a aberrações tais como literacie (francês) ou letramento (português)" (ibid., p. 55). Para ela, o termo que se aproxima do significado original do termo inglês *literacy* é *cultura letrada*. Não pretendo discutir a questão da origem do termo letramento, pois acredito que os significados das palavras são construções históricas e, por isso, mudam, evoluem ao longo da história e em dependência com os contextos em que são usados. Porém, o uso do termo letramento não me parece apropriado tendo em vista que serve para designar a dimensão pragmática, funcional dos processos de leitura e de escrita. Conforme aponta Macedo (2000, p. 88), a visão utilitarista de alfabetização ou de letramento tem como

> [...] meta principal [...] produzir leitores que atendam aos requisitos básicos de leitura da sociedade contemporânea. A despeito de seu atrativo caráter progressista, essa abordagem enfatiza o aprendizado mecânico de habilidades de leitura, ao mesmo tempo que sacrifica a análise crítica da ordem social e política que dá origem à necessidade de leitura em primeiro lugar. Essa posição levou ao desenvolvimento dos "alfabetizados funcionais", treinados primordialmente para atender aos requisitos de nossa sociedade tecnológica cada vez mais complexa.

A partir da análise anterior e tendo em vista ainda as diferentes práticas de leitura e de escrita que se desenvolvem na sociedade, é possível concluir, mais uma vez, pela necessidade de construção de um conceito de alfabetização que abranja as diferentes práticas socioculturais de leitura e de escrita. Acredito que o conceito aqui defendido poderá subsidiar a prática educativa e, ao mesmo tempo, servir de referência para a construção de uma *teoria coerente de alfabetização*.

O desenvolvimento da escrita na perspectiva histórico-cultural

Tendo em vista as idéias discutidas no capítulo anterior, é importante ressaltar que este livro tem por finalidade discutir, analisar e relatar os resultados de uma pesquisa que teve por finalidade investigar o desenvolvimento da linguagem escrita em crianças matriculadas em instituições educativas do Sistema Municipal de Ensino de Vitória (ES). Com essa finalidade, a investigação consistiu em estudo de caráter longitudinal com três anos de duração. Aqui, serão analisados dados coletados nos anos de 2002 e 2003. É necessário observar ainda que não foi objetivo deste trabalho investigar as práticas de leitura e de escrita desenvolvidas nessas instituições, entretanto, não foi possível deixar de evidenciar as suas influências nos modos como as crianças elaboravam os seus escritos. Os dados foram coletados em situações em que as crianças eram individualmente incentivadas a produzir textos orais e, em seguida, escrever as sentenças que compunham esses textos, mas ocorreram situações em que as crianças escreveram o texto sem que fosse necessário ditar as sentenças.

A pesquisa teve como referência teórica as idéias de Vigotski e o estudo de Luria (1988)[1] sobre o desenvolvimento da escrita nas crianças. Além disso, os pressupostos do método histórico-genético pensados por Vigotski e seus colaboradores orientaram a organização das situações de produção

1. A pesquisa de Luria (1988) relatada no texto intitulado "O desenvolvimento da escrita na criança" foi realizada em 1929.

de textos realizadas com as crianças. Dessa forma, neste capítulo, será discutido como esses autores compreendem o desenvolvimento da linguagem escrita na criança ou, usando os termos de Vigotski (2000), como entendem a pré-história da escrita nas crianças.

O desenvolvimento da escrita integra o desenvolvimento da linguagem na infância e possibilita que a criança amplie e diversifique suas possibilidades de expressão por meio da linguagem e de interação com as outras pessoas. Esse é um princípio fundamental, pois se alicerça na idéia de que a escrita é linguagem e não apenas um sistema de símbolos gráficos que representa os sons da fala. Vigotski (2000) assinala que a tendência, em sua época, em valorizar somente os aspectos mecânicos da escritura se refletiu na prática de ensino da linguagem escrita e na forma como era concebida teoricamente.

Desse modo, as correntes da Psicologia que existiam, em seu tempo, concebiam "[...] a escritura como um hábito motor complexo, como um problema de desenvolvimento muscular das mãos [...]" (Vigotski, 2000, p. 183). Nesse sentido, para o autor, a linguagem escrita tinha sido pouco estudada como um "[...] sistema especial de símbolos e signos cujo domínio significa uma mudança crítica[2] em todo o desenvolvimento cultural da criança" (ibid., p. 84). Entretanto, assinala também que ele e seus colaboradores não estavam ainda em condições de escrever algo coerente e completo sobre a história da escrita na criança, mas os dados de pesquisa que possuíam lhes permitiam indicar os pontos mais importantes e significativos desse processo.

Nessa direção, Vigotski (2000) considerava que não seria exagerada a opinião de que o *jogo, o desenho e a escritura* pudessem ser apresentados

2. Conforme se pode apreender dos estudos de Vigotski sobre o "problema da idade" na infância, os momentos em que ocorrem mudanças denominadas críticas devem ser concebidos como aqueles em que ocorrem saltos qualitativos no desenvolvimento da criança. Segundo o autor, o surgimento de um novo processo de desenvolvimento implica desaparição do velho ou sua transformação em uma nova forma. Nesse sentido, os períodos críticos têm aspectos positivos / construtivos e negativos / destrutivos. Como pode ser visto, essa idéia é originária da dialética de Marx e Engels. Nessa direção, o desenvolvimento da linguagem escrita implica mudanças qualitativas no desenvolvimento infantil, porque, além de a criança ampliar suas capacidades de se relacionar com as outras pessoas, ela adquire a capacidade, por exemplo, de refletir sobre a linguagem oral e de usá-la, portanto, de forma mais consciente e voluntária.

como diferentes momentos do desenvolvimento da linguagem escrita. Acredito que essa ponderação de Vigotski está assentada na idéia de que o jogo, o desenho e a escritura se constituem sobre a mesma base de desenvolvimento, ou seja, a linguagem. Ao mesmo tempo, a linguagem, o jogo, o desenho e a escritura estão relacionados pelo fato de se constituírem em atividades simbólicas que chegam a níveis de desenvolvimento somente observados entre os seres humanos.

Assim, com base em Henri Delacroix (1873-1937),[3] diz que a peculiaridade do sistema de escrita reside no fato de ser um simbolismo de segunda ordem que se transforma aos poucos em simbolismo de primeira ordem. Vigotski explica esses simbolismos argumentando que a linguagem escrita

> [...] é formada por um sistema de signos que identifica convencionalmente os sons e as palavras da linguagem oral que são, por sua vez, signos de objetos e relações reais. O nexo intermediário, ou seja, a linguagem oral pode extinguir-se gradualmente e a linguagem escrita se transforma em um sistema de signos que simboliza diretamente os objetos designados, assim como suas relações recíprocas. (Vigotski, 2000, p. 184)

Vigotski (ibid., p. 184) diz ainda que o domínio de uma linguagem tão complexa não pode ocorrer de forma mecânica, por meio da aprendizagem das associações entre letras e sons. Nesse sentido, argumenta que o desenvolvimento da linguagem escrita "[...] é, na realidade, o resultado de um longo desenvolvimento das funções superiores do comportamento infantil". Desse modo, as afirmações de Vigotski sugerem que, para se entender o desenvolvimento da escrita na criança, é necessário situá-lo no longo processo de desenvolvimento cultural na infância.

Por isso mesmo, considera que o estudo do desenvolvimento da linguagem escrita apresenta dificuldades, porque "[...] não segue uma linha única". Em outros termos, não segue uma linha evolutiva linear, como sugerem alguns estudos sobre essa questão. De acordo com Vigotski (2000), é um processo revolucionário com interrupções, metamorfoses e involu-

---

3. "Psicólogo francês, especialista em psicologia infantil e psicologia da arte" (nota do tomo 2, p. 69).

ções. Dessa forma, uma teoria coerente do processo de desenvolvimento da linguagem escrita nas crianças deve partir da premissa de que esse é um processo histórico e único e que, portanto, integra de forma ampla o desenvolvimento da linguagem cujos momentos passam por outras formas de representação, como no jogo e no desenho.

Sem dúvida, para Vigotski (2000, p. 185),

> [...] o desenvolvimento da linguagem escrita pertence à primeira e mais evidente linha do desenvolvimento cultural, já que está relacionado com o domínio do sistema externo de meios elaborados e estruturados no processo do desenvolvimento cultural da humanidade.

Sendo assim, para que a criança se aproprie, converta essa modalidade de linguagem em sua linguagem, é necessário um complexo processo de desenvolvimento que, certamente, não se inicia na escola, quando um professor ou uma professora começa a lhe ensinar as letras do alfabeto. Assim, segundo Vigotski (2000), a primeira tarefa do investigador desse processo é descobrir a pré-história da linguagem escrita, "[...] mostrar o que leva a criança à escritura, os importantíssimos momentos pelos quais passa a sua pré-história, a relação que guarda com o ensino escolar" (ibid., p. 185). A história da linguagem escrita começa

> [...] quando aparecem os primeiros signos visuais na criança e se sustenta na mesma história natural do nascimento dos signos dos quais já nasceu a linguagem. O gesto, precisamente, é o primeiro signo visual que contém a futura escritura da criança. (Ibid., p. 186)

Segundo esse autor, pode parecer, à primeira vista, que o bebê é um ser "quase associal", porque não possui ainda a linguagem, considerada como meio essencial da comunicação social. Entretanto, essa visão e as opiniões que a sustentam, de acordo com Vigotski (1996a),[4] são equivoca-

---

4. De acordo com a cronologia apresentada no tomo IV das Obras escogidas, o texto de Vigotski (1996) que serviu de referência para as discussões neste livro foi escrito em 1932. Nesse mesmo tomo é apresentado como sendo de publicação inédita no ano de 1996.

das, pois o estudo atento do primeiro ano de vida da criança demonstra que existe, nessa etapa, uma sociabilidade peculiar, determinada por duas características fundamentais. A primeira consiste em que o bebê é incapaz de satisfazer sozinho qualquer uma de suas necessidades vitais (alimentar-se, proteger-se do frio etc.) e depende das pessoas que cuidam dele para que essas necessidades venham a ser satisfeitas. Por outro lado, como na satisfação das necessidades vitais, a relação da criança com a realidade ou com os objetos que a cerca é sempre mediada pelas outras pessoas. Dessa forma, de acordo com esse ponto de vista, o bebê é, para Vigotski (1996a, p. 285), "[...] um ser maximamente social. Toda relação com o mundo exterior, inclusive a mais simples, é a relação refratada através da relação com outra pessoa".

A segunda característica da sociabilidade, no primeiro ano de vida, é que, embora a criança esteja imersa na vida social, não possui a linguagem e, como mencionado, não possui o meio essencial de comunicação social. Segundo Vigotski (1996b), a união dessas duas características confere particularidade à sociabilidade do bebê. Nesse sentido, conclui que o "[...] desenvolvimento do bebê, no primeiro ano, se baseia na contradição entre sua máxima sociabilidade (devido à situação em que se encontra) e suas mínimas possibilidades de comunicação" (ibid., p. 286). Dessa forma, em nenhuma outra idade infantil são exigidas tantas formas complexas e múltiplas de colaboração entre as crianças e as pessoas em seu entorno. Algumas dessas formas de colaboração podem ser consideradas uma série de sucessores da linguagem. Dentre eles, Vigotski (ibid., p. 326) destaca "[...] os gestos que surgem na criança e que levam ao gesto indicador, tão importante do ponto de vista da linguagem". Por intermédio dos gestos, é possível estabelecer uma forma de comunicação da criança com as pessoas do seu entorno. Em outros termos, pode ser dito que as pessoas de seu entorno atribuem aos movimentos infantis o sentido de gestos indicadores, isto é, passam a significá-los no interior da situação social como indicação de algo. Sendo assim, o gesto se torna uma forma visual de comunicação social em um momento em que a criança não pode se comunicar verbalmente com as outras pessoas, podendo, portanto, ser considerado um antecessor da linguagem, pois, na situação social em que a criança se encontra, ele assume a função de signo.

Vigotski assinala dois momentos em que é evidenciado o laço genético entre o gesto e o signo escrito. O primeiro momento, segundo esse autor,

> [...] está representado pelos riscos que a criança traça. Como pudemos observar em numerosas ocasiões durante nossos experimentos, a criança, ao desenhar, passa, freqüentemente, à representação, assinala com o gesto o que tenta representar e a marca deixada pelo lápis não é mais que o complemento do que representa com o gesto. (2000, p. 186)

Por isso, alguns desenhos das crianças são incompreensíveis para os adultos e são explicados por elas com o auxílio de gestos. Dessa forma, Vigotski (ibid., p. 186) diz que os primeiros desenhos infantis são mais gestos do que desenhos. Além disso, assinala que esse fenômeno corresponde a que as crianças, ao desenharem "[...] objetos complexos não representam suas partes, mas suas propriedades gerais". Nesse sentido, exemplifica que, "[...] quando uma criança representa com a mão um jarro cilíndrico o faz em forma de curva cerrada, indicando com seu gesto que se trata de algo redondo" e argumenta ainda que essa forma de grafismo coincide com o desenvolvimento de conceitos verbais na infância, uma vez que a atividade gráfica é elaborada a partir da linguagem. Assim como o desenvolvimento do aspecto semântico da linguagem começa do todo para as partes, a criança representa com um gesto ou graficamente características globais dos objetos. Isto é, o modo como generaliza verbalmente os objetos. Nesse sentido, a criança não está preocupada, nesse momento, em representar a realidade, isto é, ela não representa graficamente todas as características de um dado objeto, mas um aspecto que possibilita identificá-lo, como no exemplo citado por Vigotski, à forma cilíndrica do jarro.

O desenho é visto por Vigotski como uma forma particular de linguagem infantil. Nessa direção, indica ainda, com base em Charlotte Bühler[5] (1893-1975), que uma criança não desenha o que vê, mas o que sabe sobre uma determinada situação ou sobre os objetos. Então, considera que o

5. Psicóloga alemã, nasceu na cidade de Berlim, estudou na Universidade de Munique e se distinguiu como professora na Universidade de Viena. Escreveu, em 1928, o livro Infância e juventude.

desenho infantil "[...] é uma linguagem gráfica peculiar, um relato gráfico sobre algo". Vigotski (2000, p. 192) diz ainda que

> [...] quando a criança manifesta em seus desenhos a grande riqueza de sua memória o faz como na linguagem, como se estivesse relatando. O traço fundamental que distingue essa forma de desenho é uma certa abstração que, por sua própria natureza, obriga forçosamente toda a descrição verbal. Os esquemas característicos dos primeiros desenhos infantis recordam, nesse sentido, os conceitos verbais que dão a conhecer somente os traços essenciais e constantes dos objetos.

A escrita, nesse momento, é um simbolismo de primeira ordem, pois as crianças não representam as palavras, mas os objetos diretamente. Entretanto, há um processo de desenvolvimento do simbolismo no desenho. Quando a criança desenha e nomeia o desenho, após a sua elaboração, porque o acha parecido com algum objeto, não significa que o desenho assuma a função de signo. Na realidade, ela apenas o considera parecido com algum objeto. Nesse sentido, quando a criança reconhece um objeto desenhado, nem sempre ela compreende que o desenho é a representação de algo.

O segundo momento em que se pode verificar o nexo genético entre o gesto e a linguagem escrita leva, segundo o autor, aos jogos infantis. Durante o jogo, os objetos reais são substituídos por outros. Nessa situação, o que importa não é a relação entre o objeto da brincadeira e o objeto que ele designa, mas a sua "utilização funcional". Vigotski acredita que somente no gesto representativo está a chave da explicação de toda função simbólica dos jogos infantis. No jogo, um objeto pode se converter em uma boneca, porque permite fazer com ele, por exemplo, os mesmos gestos que seriam feitos na alimentação e nos cuidados com o bebê. São os gestos que conferem ao objeto da brincadeira a função de signo, ou seja, que lhe conferem novos sentidos.

Dessa forma, "[...] somente na base dos gestos indicativos, o brinquedo vai adquirindo seu significado; igualmente o desenho apoiado no começo pelo gesto, se converte em signo independente" (Vigotski, 2000, p. 188). Esse mesmo autor indica dois fatos importantes advindos dessa conclusão: primeiro, são os gestos que conferem aos objetos do jogo uma significação ou o significado de signo; segundo, quando as crianças de quatro a cinco anos jogam, elas acordam entre si os significados dos objetos. Logo, segundo o autor,

> aproximadamente nessa idade, se forma uma conexão lingüística de extraordinária riqueza que explica, interpreta e confere sentido a cada movimento, objeto e ação em separado. A criança, além de gesticular, fala, explica a si mesmo o jogo, o organiza confirmando claramente a idéia de que as formas primárias do jogo não são mais que o gesto inicial, a linguagem com a ajuda de signos. Há um momento no jogo que o objeto se emancipa de sua qualidade de signo e gesto. Graças ao prolongado uso, o significado do gesto se transfere aos objetos e, durante o jogo, esses começam a representar determinados objetos e relações convencionais, inclusive sem os gestos correspondentes. (Ibid., p. 188)

Assim, durante o desenvolvimento das brincadeiras infantis, as relações entre pessoas começam a surgir de forma mais clara. Isto é, a criança não apenas brinca de motorista de ônibus, ela assume o papel do motorista procurando reproduzir suas ações. As crianças mais velhas não produzem apenas as relações com o ônibus, mas incluem essas ações em um contexto mais amplo de relações sociais, ou seja, eles conversam com o trocador, com os passageiros, observam os sinais de trânsito que exigem paradas obrigatórias e efetuam as paradas.

H. Hetzer,[6] segundo Vigotski, foi o primeiro a buscar conhecer se a criança está preparada psicologicamente para aprender a escrever e, também, o primeiro a realizar experimentos nesse sentido com crianças de três a seis anos de idade. Seu objetivo era investigar como se desenvolve a função de representação simbólica dos objetos, vista como importante para a aprendizagem da escritura. Vigotski (2000, p. 191) aponta que a conclusão mais importante desse autor se refere a que "[...] a diferença do jogo entre crianças de três a seis anos não está na percepção dos símbolos, mas no modo em que utilizam as diversas formas de representação".

Da mesma maneira que os objetos no jogo adquirem independência, ou seja, significados próprios e, portanto, independentes dos gestos, o desenho infantil, também adquire, segundo Vigotski, essa mesma independência.

---

6. Vigotski não cita a obra do autor que serviu de referência para o seu trabalho.

Esse tipo de atividade gráfica é, inicialmente, um complemento do gesto no ar. Depois, ele começa a designar por si mesmo os objetos; eles passam a ser nomeados. Inicialmente, os desenhos passam a ser nomeados simultaneamente no momento em que são elaborados e não depois. Somente mais tarde, então, eles passam a ser nomeados antes de sua elaboração. O fato de a criança designar antes o objeto a ser desenhado implica avanço no seu desenvolvimento, pois o desenho se torna de fato uma representação simbólica.

O estudo experimental de Luria sobre o desenvolvimento da escritura

Luria (1988) se dedicou a estudar experimentalmente o momento em que a criança descobre o simbolismo da escritura. Com essa finalidade, colocava as crianças em situações que as obrigavam a realizar alguma anotação para auxiliar a lembrança de um certo número de frases que não podiam ser rememoradas sem a ajuda das anotações. Desse modo, as tarefas desenvolvidas com as crianças e adultos participantes da pesquisa consistiam em lembrar um certo número de palavras e/ou frases que excedia a capacidade natural que os indivíduos possuem para lembrar. Assim, Luria criou situações em que esses sujeitos passaram a ter necessidade de utilizar algum recurso externo para auxiliar a lembrança das palavras e frases que eram ditadas pelo entrevistador. Quando eles demonstravam que não podiam lembrar todas essas palavras e frases, era sugerido que escrevessem algo que os auxiliasse a lembrar os significados.

Luria (1988) descreveu o desenvolvimento da escrita a partir das análises elaboradas das escritas produzidas pelos sujeitos e, também, do modo como se relacionavam com elas para realizar a tarefa de lembrar as palavras e frases. Pode-se dizer que o autor verificou duas grandes fases no desenvolvimento da escrita: a primeira, denominada pré-instrumental, e a segunda, instrumental.[7]

---

7. Alguns autores, por exemplo, Landsmann (1995), identificam quatro etapas no desenvolvimento da escrita. Preferimos mencionar dois momentos e suas características, tendo em vista o próprio objetivo

A primeira é chamada *pré-instrumental*, porque antecede o momento em que as crianças utilizam a escrita como recurso para lembrar as palavras e as frases ditadas pelo entrevistador nas situações de pesquisa. Em outros termos, na fase pré-instrumental, as escritas produzidas não serviam como instrumento para lembrar as palavras e frases que eram ditadas para os sujeitos. Como afirma Luria (1988, p. 149), os sujeitos, inicialmente, eram incapazes de encarar a escrita como signo. Na realidade, eram capazes de imitar os atos dos adultos ao escrever, mas não podiam ainda "[...] apreender os atributos psicológicos específicos que qualquer ato deve ter, caso venha a ser usado como instrumento a serviço de algum fim".

De acordo com esse autor, as crianças, nesse momento, não se recusavam insistentemente a realizar a tarefa, mas argumentavam sobre a sua impossibilidade de realizá-la, pois ainda não sabiam ler e escrever. Veja o exemplo da escrita produzida por uma criança de cinco anos de idade, sujeito da pesquisa de Luria.

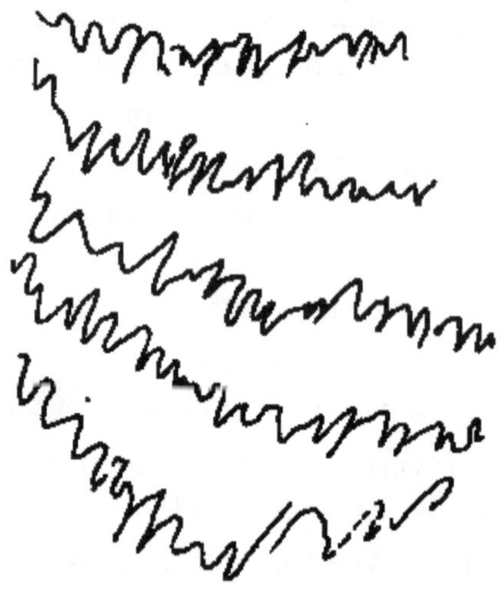

Figura 1 — Escrita de uma criança participante da pesquisa de Luria*

do trabalho de Luria que foi identificar as condições e o percurso que leva a criança a se relacionar com a escrita como recurso para lembrar as palavras que eram sugeridas.

* Figura retirada do texto de Luria (1988) sobre o desenvolvimento da escrita.

Luria (1988) aponta dois aspectos importantes que ajudam a análise desse tipo de escrita: primeiro, escrever está dissociado da finalidade de lembrar, pois a criança ainda não consegue compreender a instrução dada (usar a escrita como recurso para a memória); segundo, as escritas não possuíam qualquer relação com os significados que motivaram o registro. Por isso, se observarmos as características da escrita, podemos notar que a criança produziu rabiscos indiferenciados, ou seja, significados distintos foram escritos com rabiscos muito semelhantes.

No momento em que a criança era incentivada a se relacionar com a escrita para fins mnemônicos, Luria verificou um total descaso pelas anotações e, dessa forma, invocava os significados da escrita de forma direta, sem o auxílio dos registros, o que comprovou, mais uma vez, que a criança não compreendia a função mnemônica da escrita.

Luria observou ainda uma criança que produziu os mesmos rabiscos indiferenciados, mas o modo como se relacionava com a escrita para lembrar os significados anotados mudou completamente. Ela começou a associar o seu rabisco com o conteúdo que foi ditado. De que forma isso ocorreu? Na realidade, os rabiscos eram os mesmos, ou seja, não havia nenhuma diferenciação que auxiliasse a lembrança dos significados anotados, entretanto eles foram arranjados na folha de papel de modo a permitir a recordação. Então, as crianças "[...] punham um risco em um canto do papel e outro em um segundo canto e, ao agir assim, começavam a associar as sentenças ditadas com suas anotações" (Luria, 1988, p. 157). A criança estava elaborando um mecanismo para realizar a tarefa de recordar os significados anotados. Na realidade, "[...] em si mesmo, nenhum rabisco significava coisa alguma, mas a sua posição, situação e relação com outros rabiscos conferia-lhe a função de auxiliar técnico para a memória" (ibid., p. 157). Reproduziremos um exemplo citado por Luria, representativo desse tipo de escrita que ele comparou com a *escrita topográfica*.[8]

8. De acordo com Azenha (1995, p. 51), os traços produzidos pelas crianças "[...] constituíam em sinais topográficos, semelhantes aos existentes nos sistemas semasiográficos empregados pelos povos primitivos".

Pediu-se a Brina, cinco anos (pela primeira vez em nosso laboratório), que anotasse um certo número de sentenças que foram ditadas. Rapidamente ela aprendeu como agir e, após cada palavra (ou sentença) ditada, fazia seus rabiscos. Os resultados aparecem na figura 5. Poder-se-ia pensar que nosso sujeito, a pequena Brina, fez essas marcas sem qualquer conexão com a tarefa de lembrar as sentenças ditadas, exatamente como a maioria das crianças aludidas. Mas, para nossa surpresa, não apenas lembrou-se de todas as sentenças ditadas (é verdade que não eram muitas, apenas cinco), mas também localizou corretamente cada sentença apontando para um rabisco e dizendo: "Esta é uma vaca" ou "Uma vaca tem quatro pernas e um rabo", ou "Choveu ontem à tarde" etc. (ibid. p. 157)

[...]

Fica claro que Brina compreendeu a tarefa e empregou uma forma primitiva de escrita, escrevendo por meio de sinais topográficos. Esses sinais eram muito estáveis; quando inquirida diretamente, ela não os misturava, distinguia-os rigorosamente, sabendo, com exatidão o significado de cada um. (Ibid., p. 158)

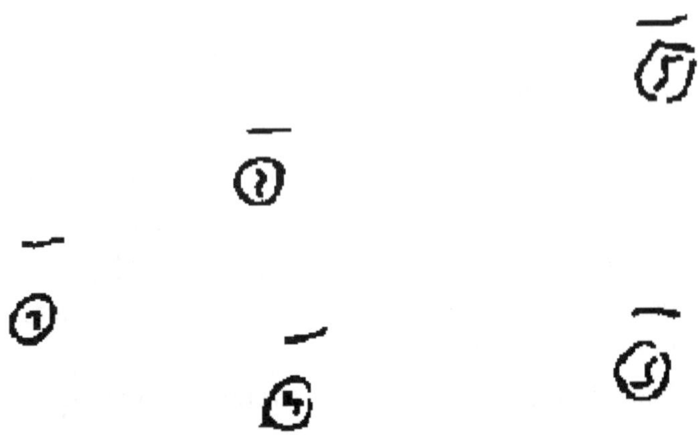

Figura 2 — Escrita de Brina (sujeito da pesquisa de Luria)*

* Escrita retirada do relatório da pesquisa desenvolvida por Luria (1988).

Conforme mostra Luria (1988), essa foi a primeira forma de escrita por ele observada (ainda indiferenciada), capaz de atuar como recurso que auxiliava a recordação dos conteúdos registrados. O autor considera esse mecanismo como precursor da verdadeira escrita, porque nem sempre se refere a um conteúdo próprio e estável. Explicando melhor, as anotações poderiam ajudar a lembrar os significados anotados ou podiam possibilitar a evocação de outro significado qualquer e, desse modo, o significado com o qual a anotação se relacionava poderia sofrer variações. É exatamente essa falta de estabilidade que impossibilita a definição desse tipo de escrita como instrumental. Luria a denominou de signo gráfico primário, porque, em algumas situações, não desvendava o significado anotado e, por isso, não conduzia sempre a ele.

Como pôde ser visto, a escrita semelhante à topográfica, anteriormente analisada, apenas indica algum significado, mas nem sempre foi o significado que motivou a anotação. Além disso, a escrita ainda é indiferenciada. Por isso, Luria (1988, p. 161) assinala que o desenvolvimento da escrita segue um percurso que pode ser descrito "[...] como a transformação de um rabisco não diferenciado para um signo diferenciado. Linhas e rabiscos são substituídos por figuras e imagens, e estas dão lugar aos signos".

Assim, o próximo passo na seqüência do desenvolvimento da escrita foi o surgimento de riscos diferenciados, ou seja, os sujeitos passaram a distinguir as anotações para escrever significados que eram sugeridos pelo entrevistador e, também, a se relacionar com esses riscos diferenciados para solucionar a tarefa de recordar os significados anotados. Duas formas de diferenciações foram observadas por Luria (1988). A primeira era resultado do ritmo da frase que devia ser anotada. As crianças revelaram uma tendência em anotar frases curtas com linhas curtas e frases longas com linhas longas. Entretanto, esse modo de anotação não era estável, podendo a criança modificar drasticamente a maneira de realizar a atividade de um momento para outro e, desse modo, o sujeito retomava a escrita indiferenciada. Sendo assim, o primeiro passo "[...] dado no sentido da diferenciação da primitiva atividade gráfica imitativa é ainda muito fraco e pobre. Embora uma criança possa ser capaz de refletir o ritmo de uma sentença, ainda não está apta a marcar o conteúdo de um termo que lhe foi apresentado graficamente" (ibid., p. 163).

Luria observou, então, as condições que possibilitaram o surgimento de grafias expressivas, ou seja, de grafias que refletiam os significados anotados e não apenas o ritmo de uma sentença. Existia, para o autor, um importante fator que poderia influenciar o modo como as crianças escreviam e, conseqüentemente, o desenvolvimento da escrita. Esse fator era o conteúdo das frases a serem escritas. Assim, a introdução, no conteúdo das frases, de quantidade e forma levou os sujeitos a retratar, por meio da escrita, esses aspectos. Inicialmente, como aponta Luria (ibid., p. 165), as diferenças entre as escritas eram tênues, por exemplo, "[...] o que distingue 'um nariz' de 'dois olhos' é que os rabiscos representando os primeiros são menores". Sendo assim, no exemplo, a quantidade não estava claramente manifesta, mas logo os sujeitos descobriram que poderiam escrever usando imagens e, assim, iniciou-se o que Luria denominou *fase pictográfica do desenvolvimento da escrita*. Nesse caso, as quantidades, formas e, portanto, as características do que pretendiam lembrar estavam claramente presentes na escrita por imagens e, por isso, essas escritas possibilitavam a lembrança dos significados anotados.

Luria diz que o uso de imagens para escrever está baseado na experiência das crianças em realizar atividades de desenho. Os desenhos infantis não têm, inicialmente, a função de lhes ajudar a lembrar significados anotados, mas, ao longo do desenvolvimento da escrita, se tornam "um meio para o registro". Muitas vezes, segundo esse autor, esse momento do desenvolvimento da escrita não é percebido, pois se mistura à rica atividade de desenho, em que a criança não tenta ou não compreende que pode usar esse expediente como meio para lembrar significados.

Finalmente, o surgimento da escrita simbólica arbitrária ocorreu quando os sujeitos, ao tentar escrever, por meio de imagens, alguma coisa difícil de ser representada, tiveram que lançar mão de outro expediente e, assim, retratar outros objetos que se relacionavam com os significados que precisavam anotar. Um exemplo, citado por Luria (ibid., p. 177), esclarece esse momento:

> Shura N., sete anos e meio, foi instruída a escrever a sentença que apresentamos anteriormente: "Há mil estrelas no céu". Primeiramente, desenhou

> uma linha horizontal ("o céu"); em seguida desenhou cuidadosamente duas estrelas e parou. O pesquisador: "Quantas mais você tem de desenhar?" Ela: "Apenas duas. Eu me lembrarei que há mil".

Desse modo, a criança teve dificuldades em registrar as "mil estrelas no céu", mas estabeleceu que o desenho de duas delas e da linha do horizonte a ajudaria a recordar que anotou "há mil estrelas no céu". Nesse sentido, ela retrata uma parte do todo que deve ser representado. Isso significa que a criança já ultrapassou "[...] a tendência em retratar um objeto em toda a sua totalidade, em todos os seus detalhes, está no processo de aquisição de habilidades psicológicas, em cuja base se desenvolverá a última forma, a escrita simbólica" (ibid., p. 179).

A pré-história da escrita na criança chega ao fim quando uma professora começa a lhe ensinar a escrever com símbolos convencionais (letras). Nesse momento, inicia-se um longo percurso de aprendizado. O que acontece com a escrita infantil quando as crianças começam a aprender a ler e a escrever na escola? Os dados apresentados por Luria são incipientes, mas ajudaram aos pesquisadores a continuar a investigar esse intrigante processo de desenvolvimento, pois, como aponta Vigotski (2000), o desenvolvimento da escrita não consiste somente numa melhoria gradual de um procedimento utilizado pela criança, mas compõe-se por saltos bruscos que proporcionam a mudança de um procedimento para outro.

Vigotski (2000) diz que, após as crianças realizarem tentativas de criar grafias expressivas, o próximo passo no desenvolvimento da escrita na criança é marcado pela aprendizagem de que as letras representam os sons que compõem as palavras, ou seja, a compreensão de que a escrita, usada na nossa sociedade, é um simbolismo de segunda ordem. Para chegar a compreender esse simbolismo, é necessário que a criança aprenda como representar as unidades da linguagem e que unidades são representadas com as letras. Além disso, Vigotski (2001) diz ainda que é difícil determinar como se produz essa mudança e que as investigações em sua época não haviam chegado a resultados sobre essa questão e nem mesmo os métodos de ensino da leitura e da escrita utilizados possibilitavam a observação dessa transição.

Os estudos de Ferreiro e Teberosky (1989) buscaram analisar essa passagem. Contudo, conforme assinala Smolka (1989, p. 68), essa análise é efetuada "[...] sem darem relevância à dimensão discursiva da escrita". É interessante examinar o contexto em que é elaborada essa afirmação. A autora parte primeiramente da consideração de que o processo de "aquisição da escrita" pode ser investigado sob diferentes pontos de vista. Ao primeiro está subjacente, segundo a autora, uma concepção de língua como um sistema de normas pronto e acabado que precisa ser aprendido pelas crianças. Dessa concepção, decorrem visões de aprendizagem e de criança. A aprendizagem é considerada como processo de memorização dos padrões lingüísticos corretos que se efetua por meio da repetição, cópia etc. A criança, por sua vez, é vista como "passiva" e, portanto, incapaz de elaborar hipóteses sobre o sistema da língua.

É importante ressaltar que, de acordo com esse ponto de vista, a aquisição da escrita não tem uma história na criança. Ela deve se apropriar das formas prontas. Todas as tentativas de escrita são vistas como "erros" que necessitam ser reprimidos para que possam dar lugar às formas corretas. Nesse sentido, o que está ausente nessa visão, permeada, segundo Smolka (1989), pela idéia de "carência" ou "incompletude", é a noção de desenvolvimento.

O segundo ponto de vista de análise do processo de aquisição da escrita na criança, de acordo com Smolka (1989, p. 62), se contrapõe a essa primeira visão e "[...] seria o da construção individual do conhecimento, que considera a escrita como um objeto de conhecimento, que analisa o "conflito cognitivo" no processo de aprendizagem e vê o erro como fundamentalmente construtivo no processo". Esse ponto de vista está permeado pela idéia de que o processo de aquisição da escrita tem uma história na criança; a noção de desenvolvimento está presente, pois, ao longo desse processo, as crianças constroem hipóteses sobre que unidades da fala são representadas com as letras.

O terceiro ponto de vista de análise que, conforme a autora, "abrange o segundo" e "[...] inclui o aspecto fundamentalmente social das funções, das condições e do funcionamento da escrita (para que, para quem, onde, como, por quê)" (Smolka, 1989, p. 63). Nesse sentido, a autora assinala que esse ponto de vista seria o da "interação, da interdiscursividade" e enfatiza ainda:

> [...] O que aparece também como relevante nesse terceiro ponto de vista [...] é a consideração da atividade mental da criança no processo de alfabetização não apenas como atividade cognitiva, no sentido de estruturação piagetiana, mas como atividade discursiva, que implica a elaboração conceitual da palavra. Assim ganham força as funções interativa, instauradora e constituidora do conhecimento na/pela escrita. Nesse sentido, a alfabetização é um processo discursivo: a criança aprende a ouvir, a atender o outro pela leitura; aprende a falar, a dizer o que quer pela escrita. (Mas esse aprender significa fazer, usar, praticar, conhecer. Enquanto escreve, a criança aprende a escrever e aprende sobre a escrita). Isso traz para as implicações pedagógicas os seus aspectos sociais e políticos. (Ibid., p. 63)

Resumindo os três pontos de vista, é possível dizer que o primeiro desconsidera a existência de um processo de desenvolvimento da escrita na criança, o segundo focaliza exatamente esse processo e o terceiro abrange o segundo ponto de vista, mas preocupa-se em determinar a dimensão discursiva da escrita, ou seja, como as crianças elaboram (e se posicionam), no texto escrito, as formas sociais de pensar, conhecer a realidade social que se manifesta por meio dos discursos e, dessa forma, aprendem a escrever usando o sistema de escrita. Nesse sentido, para investigar o processo de apropriação da linguagem escrita sob esse ponto de vista, é necessária a observação das condições de produção dos textos na escola e, sobretudo, buscar apreender os modos como as crianças elaboram os textos considerando essas condições e, portanto, para que, por que e para quem escrevem. Sendo assim, a análise dos pontos de vista que orientam as análises sobre a "aquisição da escrita" possibilita fundamentar a afirmação de que o trabalho de Ferreiro e Teberosky (1989), orientado pela abordagem piagetiana de desenvolvimento, focaliza apenas os aspectos lingüísticos, relacionados com a relação entre unidades da fala e letras, e cognitivos, ligados às construções lógicas que organizam os conhecimentos lingüísticos, sem dar relevância à dimensão discursiva da escrita. Em minha opinião, a ponderação de Smolka (1989) é pertinente. O trabalho dessa autora pretendeu, então, investigar essa dimensão na escrita produzida por crianças na fase inicial de alfabetização. Entretanto, observa que,

> Quando as crianças escrevem palavras soltas ou ditadas pelos adultos (tipo nomeação, lista, repertório ou ditado), a característica da produção é uma, e evidencia-se, mais facilmente, a correspondência entre a dimensão sonora e a extensão gráfica. Mas quando as crianças começam a escrever o que pensam, o que querem dizer, contar, narrar, elas escrevem porções, fragmentos do "discurso interior" (que é sempre dialógico consigo mesmo ou com os outros). (Ibid., p. 75)

Assim, a observação da autora sugere que o tipo de texto produzido pela criança possibilita o estudo de uma ou de outra dimensão da escrita. Se as crianças escrevem palavras, a dimensão sonora e a extensão gráfica são evidenciadas com mais clareza; por outro lado, a dimensão discursiva se manifesta, quando as crianças escrevem textos. Concordo, mais uma vez, com essas observações, mas é importante destacar que, nesse último caso, se torna visível também como as crianças tentam corresponder unidades da fala a letras e como definem a extensão gráfica do texto. A própria autora indicou isso em análises que efetuou dos textos das crianças envolvidas em sua pesquisa. Em alguns momentos, argumenta que os textos podem ser analisados (e a autora os analisa dessa forma) sob a ótica do segundo ponto de vista, mas dá ênfase à dimensão discursiva, pois esse é o objeto da sua investigação. O que leva, em minha opinião, ao que posso chamar de contradição que se estabelece pelo isolamento das análises dessas dimensões é o fato de a autora não ter feito um exame do processo de desenvolvimento da escrita, buscando evidenciar como essas dimensões se influenciam, se modificam ao longo do processo de apropriação da linguagem escrita e no momento em que as crianças produzem os textos.

Dessa forma, se o trabalho de Smolka (1989) deu ênfase à dimensão discursiva, Ferreiro e Teberosky (1989) focalizaram questões ligadas às relações entre o oral e o escrito e à extensão gráfica da escrita. Sendo assim, ambos os trabalhos, mesmo que pesem sobre eles diferenças teórico-metodológicas essenciais, não discutiram como essas dimensões integram o processo de apropriação da escrita e se influenciam proporcionando com que as crianças venham a fazer uso da linguagem escrita na sociedade. Por outro lado, a questão destacada por Vigotski sobre a compreensão de que a escrita é um simbolismo de primeira ordem é evidenciada no trabalho de Ferreiro e Teberosky (1989), mas em situações de pesquisa, em que as crianças escreveram palavras isoladamente. Nessas circunstâncias, são inibidas as possibilidades de estudo de outros tipos de relações que possam ocorrer entre unidades da fala e escrita. Explicando melhor, ao usar como referência a unidade palavra, os sujeitos participantes desse estudo, quando escreveram e procuraram interpretar suas escritas, só tiveram possibilidade de tentar representar sílabas ou fonemas. Nesse sentido, as autoras partiram do pressuposto da existência de apenas dois tipos de consciência fonológica: a silábica e a fonêmica. Entretanto, é importante perguntar: ao escrever textos ou sentenças que compõem esses textos, como as crianças analisam, refletem sobre as unidades que os compõem, no momento da escritura?

Smolka (1989), ao efetuar a análise dos textos, utiliza as categorias elaboradas por Ferreiro e Teberosky (1989) para organizar a evolução da escrita na criança. Por outro lado, essas últimas autoras utilizam apenas palavras, o que não possibilita uma resposta a essa questão. É interessante observar que Ferreiro e Teberosky (1989) também propuseram a escrita de sentenças. Entretanto, não foram evidenciadas, no texto das autoras, diferenças no modo como as crianças pensavam as relações entre o oral e o escrito ao escreverem essas unidades. Essas diferenças não existem? Anteriormente à hipótese silábica, a criança se preocupa exclusivamente em construir princípios de legibilidade do escrito? Como a educação escolar influencia o processo de transição da escrita da linguagem para a escrita de suas unidades? Essas são questões que busco responder com o estudo aqui apresentado.

Antes de concluir este capítulo, é importante retomar um artigo de Ferreiro (1996) em que discute as diferenças e semelhanças entre os seus estudos e as investigações, particularmente, de Luria (1988). Após evidenciar algumas aproximações entre os trabalhos, a autora discute as diferenças e, dentre elas, gostaria de destacar exatamente a que se refere à passagem da pictografia à escrita alfabética.

Assim, Ferreiro (1996, p. 156) diz que Luria (1988) não esclareceu essa passagem. Nesse sentido, argumenta que uma diferença marcante entre o seu estudo e o de Luria (1988) está situada nesse ponto, pois, em sua opinião, esse autor considera que o ingresso das crianças em instituições escolares promoveria "[...] uma ruptura com os conhecimentos prévios" (Ferreiro, 1996, p. 156). Por outro lado, argumenta que ela conseguiu evidenciar como os conhecimentos prévios sobre a escrita interagem com o ensino escolar. Porém, mesmo que a autora tenha feito essa tentativa de demonstrar essa interação, não me parece ter sido explicitada com clareza, pois, se há essa interação e se as situações de ensino são diversificadas, como é possível, então, estabelecer um processo evolutivo único e de aperfeiçoamento constante para o desenvolvimento da escrita na criança? Creio que é necessário refletir sobre os "modelos externos" de elaboração da escrita que orientaram o percurso evolutivo proposto pela autora e sua colaboradora Ana Teberosky (1989).

Além disso, é importante destacar que Luria (1988), ao mencionar a passagem da pictografia à escrita alfabética, diz que a criança retoma o uso de uma escrita indiferenciada. Ferreiro observa esse tipo de escrita em seu estudo, mas, conforme mencionado pela própria autora, Luria (1988) não investigou esse processo; ele apenas faz algumas ponderações iniciais.

Em resumo, neste capítulo, examino o percurso geral de desenvolvimento da escrita pensado por Vigotski. Pode-se concluir que esse percurso está fundado no desenvolvimento da linguagem. O gesto indicativo é uma forma de linguagem que antecede a linguagem verbal, pois possibilita a comunicação social e é também o precursor da linguagem escrita; o desenvolvimento do jogo e do desenho se assenta sobre o desenvolvimento da linguagem e se constitui em processos semióticos complexos que se integram ao desenvolvimento da escritura nas crianças. Focalizo ainda a questão da passagem da escrita da linguagem para a escrita de suas unidades destacando o trabalho de Ferreiro e Teberosky (1989) que visou a realizar essa análise. Contudo, conforme mostrado, a metodologia utilizada no desenvolvimento dessa pesquisa impediu conhecer de forma ampla as possibilidades de elaboração da escrita pelas crianças.

Aspectos metodológicos

Como sugerem as discussões realizadas no item anterior, talvez uma das maiores dificuldades dos estudos sobre a apropriação da linguagem reside no fato de eles focarem suas análises em um dos aspectos que integram esse processo e analisá-lo isoladamente, sem verificar como se influenciam mutuamente. O problema me parece, ao mesmo tempo, conceitual e metodológico. Tendo em vista os trabalhos discutidos, especificamente a pesquisa de Ferreiro e Teberosky (1989), é possível considerar que o conceito de alfabetização que orientou a escolha dos procedimentos metodológicos é específico. Como indica Soares (2003a): processo de aquisição das habilidades de relacionar fonemas e grafemas e vice-versa. Por outro lado, mesmo que o trabalho de Smolka (1989) parta de um conceito de alfabetização que não se restringe à aquisição dessas habilidades, a autora não construiu uma análise que pudesse evidenciar as relações entre as dimensões cognitiva, lingüística e discursiva. Assim, a metodologia adotada pela autora me parece muito apropriada, mas ela não evidenciou essas relações.

Entretanto, como escrevi em outro texto,

> A definição de uma abordagem metodológica que leve em conta a perspectiva teórica que orienta o estudo não é uma tarefa fácil para o investigador; porém, necessária para garantir uma busca profunda e radical das determinações e mediações históricas que constituem o fenômeno social a ser destacado na pesquisa. (Gontijo, 2003, p. 24)

O método instrumental ou histórico-genético foi elaborado por Vigotski e seus colaboradores para estudar o desenvolvimento das funções psicológicas superiores. Ele é denominado dessa forma porque possibilita a análise do desenvolvimento infantil do ponto de vista histórico, ou seja, desde que ele surge, as suas transformações, mudanças etc. Nesse sentido, o método instrumental "[...] estuda o processo de desenvolvimento natural e da educação como um processo único e considera que seu objetivo é descobrir como se reestruturam todas as funções naturais de uma determinada criança em um determinado nível de educação" (Vigotski, 1997, p. 69).[9] Assim, o método instrumental

> [...] procura oferecer uma interpretação de como a criança realiza em seu processo educacional o que a humanidade realizou no transcurso da longa história do trabalho, ou seja, "põe em ação as forças naturais que formam sua corporeidade [...] para assimilar, desse modo, de forma útil para sua própria vida, os materiais que a natureza lhe brinda". (Ibid., p. 69)

O trabalho de pesquisa realizado teve, portanto, por finalidade investigar o desenvolvimento da linguagem escrita em crianças matriculadas em instituições escolares. A linguagem escrita, forma especial de linguagem criada ao longo da história da humanidade, é fundamental na vida dos indivíduos e da sociedade. Ao se apropriar dessa linguagem, os indivíduos se reequipam (usando as palavras de Luria, 1996), transformam e potencializam as suas capacidades naturais além de proporcionar a capacidade de refletir sobre a linguagem que a criança utiliza no cotidiano e de ampliar as capacidades de se relacionar com as outras pessoas por intermédio da linguagem escrita.

Segundo Vigotski (1997), o método histórico-genético pode utilizar procedimentos técnicos de investigação, como a observação e a experimentação. A observação possibilita que o pesquisador verifique como os processos psíquicos explicitam-se e se formam nas condições sociais concretas em que se desenvolvem. Como mencionado, o desenvolvimento da linguagem escrita é um processo dialético que implica evoluções, transformações bruscas e involuções. Em termos metodológicos, a descoberta desses diversos momentos não é simples, pois, em circunstâncias externas desfavoráveis, eles podem ser encobertos e, por isso, nem sempre é possível descobri-los e determiná-los. Segundo Vigotski, o modo mais seguro de esclarecer certos momentos importantíssimos da história da escrita na criança é a investigação experimental.

---

9. O texto de Vigotski (1996) intitulado "El metodo instrumental en psicología", tomado como referência neste livro, foi escrito, de acordo com o que consta no tomo III das *Obras escogidas*, em 1930 e publicado em 1960.

Nesse sentido, de acordo com esse mesmo autor, para estudar esse fenômeno é necessário, antes de tudo, provocá-los, criá-los e analisar o modo como transcorrem e se formam. Assim, tornou-se indispensável aplicar ao estudo do desenvolvimento da linguagem escrita na criança "[...] o mesmo método experimental que se utiliza nas investigações genéticas para esclarecer os elos ocultos, sumidos na profundidade, abreviados e, às vezes, não visíveis à simples observação" (Vigotski, 2000, p. 186).

Neste estudo, criaram-se situações em que as crianças foram estimuladas a escrever textos em diferentes momentos do ano escolar. As tarefas de produção levaram em conta os pressupostos do método histórico-genético, ou seja, estavam além das capacidades de escrita já aprendidas pelas crianças e propiciaram a utilização/criação de mecanismos auxiliares para a sua realização. Assim, no início do estudo (2002), as crianças ainda não haviam aprendido a ler e a escrever. Durante as tarefas propostas, elas eram incentivadas a escrever sentenças de textos produzidos oralmente com a orientação de que deveriam escrever com atenção, pois a escrita poderia auxiliá-las a lembrar os textos registrados.

Luria (1988), ao estudar a *pré-história* da escrita, optou por procedimentos metodológicos que consistiam na produção de registros, elaborados de modo a possibilitar a lembrança de um conteúdo: a tarefa era recordar uma série de palavras ou frases que não podiam ser reproduzidas oralmente sem a ajuda de um mecanismo auxiliar. Esse encaminhamento possibilitou ao autor observar as fases pelas quais a criança passa até chegar a utilizar marcas, pontos, desenhos etc. como símbolos, identificando as condições que possibilitaram, portanto, o surgimento de grafias expressivas. As crianças participantes do trabalho desenvolvido pelo autor não estavam inseridas em um processo de escolarização, aprendendo o sistema de símbolos, convencionalmente, usado para escrever. Além disso, o desenvolvimento dos registros produzidos pelas crianças foi observado em condições em que foram necessárias intervenções específicas; em outras palavras, foram introduzidos no conteúdo das frases e palavras escritas pelas crianças *fatores* (forma, quantidade, cor etc.) que proporcionaram o surgimento das grafias expressivas.

Este estudo, como dito, enfocou também a função mnemônica da linguagem escrita, mas as crianças envolvidas, desde o início, participavam de atividades desenvolvidas em instituições escolares que visavam ao ensino e à aprendizagem da linguagem escrita. Além disso, não foram escolhidos previamente textos, frases ou palavras a serem escritos pelas crianças. Optei por incentivar a produção oral de textos e o registro das sentenças que compunham esses textos.

Como disse em outro texto, com base em Geraldi (1991),

> a produção de texto foi priorizada, porque possibilita aos indivíduos, historicamente situados, a enunciação de seu ponto de vista sobre a realidade, pois o discurso produzido pelas crianças, no texto escrito, não é uma mera reprodução dos discursos já constituídos e nem mesmo uma produção única de um indivíduo particular. Os textos se constituem articuladamente às formas já constituídas de perceber e pensar a realidade e se renovam em cada discurso. (Gontijo, 2001, p. 39)

Além disso, considerava que, por meio desse tipo de produção, seria possível observar as relações entre os diversos aspectos que integram o processo de apropriação da linguagem escrita. As atividades desenvolvidas pelas crianças foram todas filmadas. Após cada coleta, o material filmado era transcrito, organizado e, finalmente, foram construídas categorias que permitiram uma análise criteriosa das situações de produção.

De modo geral, o trabalho de produção de textos desenvolvido pelas crianças foi orientado seguindo os seguintes procedimentos:

a) As crianças eram estimuladas a produzir oralmente textos sobre temáticas de seu interesse e sobre as quais tinham o que dizer. Esses textos eram registrados pela pesquisadora.

b) Após a produção e registro, a pesquisadora lia o texto para que as crianças se certificassem de que tudo que disseram estava escrito. Além disso, era explicado para a criança que o registro do texto produzido oralmente auxilia a lembrança do que foi dito por elas.

c) Em seguida, as crianças eram estimuladas a escrever as sentenças do texto com a recomendação de que deveriam fazê-lo com atenção, pois, ao final do registro, deveriam lembrar o texto com o auxílio da escrita. Nesse sentido, ficou estabelecido, desde o início do registro, a sua finalidade. O trabalho de registro dos textos foi filmado para a análise.

d) Finalmente, era perguntado às crianças se a escrita ajudava a recordar o conteúdo do texto. Diante das respostas afirmativas, era solicitada a leitura do texto e, em caso de respostas negativas, era pedido que as crianças justificassem a resposta.

Os dados que serviram de base para elaboração deste livro foram coletados nos anos de 2002 e 2003, em um Centro de Educação Infantil do Sistema Municipal de Ensino de Vitória, localizado na periferia dessa cidade. Foram envolvidas na pesquisa 46 crianças e duas professoras de duas classes (matutino e vespertino). Não serão mencionados os nomes das escolas, das professoras e das crianças participantes do trabalho para preservar a identidade dos sujeitos envolvidos. Mesmo assim, considero importante destacar a receptividade dos profissionais que atuavam no Centro de Educação Infantil. No ano de 2002, as crianças estudavam em um espaço improvisado devido à reforma da escola. As salas de aula eram de madeira e cobertas com telhas de amianto. A sala de vídeo era de alvenaria e bastante simples. Os profissionais que trabalhavam na instituição organizaram os espaços existentes da melhor maneira: pintaram paredes com cores alegres, criaram espaços alternativos para artes, leitura e apresentações. Entretanto, era difícil conviver com o barulho e a umidade existente no local e adequar os espaços improvisados às necessidades das crianças de zero até três anos de idade.

As crianças envolvidas no estudo passaram a fazer parte da minha vida. Foi possível, durante os anos da pesquisa, vê-las crescer, engordar, emagrecer; participar das grandes e pequenas tragédias que rondaram as suas vidas etc. Eu as conheci bastante, por isso mesmo, analisar as suas produções escritas, as conversas que tivemos, certificar-me sobre os seus avanços para obter resultados teóricos e práticos que possam contribuir com a ampliação do conhecimento na área de alfabetização não foram tarefas neutras e distanciadas dos sujeitos. Elas estão saturadas pelo meu envolvimento com as crianças e pelo tempo de convivência com elas no espaço escolar.

No primeiro ano do trabalho, elas estavam matriculadas em duas classes de Jardim II (matutino e vespertino). As turmas de Jardim II eram compostas no Sistema Municipal de Ensino de Vitória com crianças de cinco anos de idade. As duas turmas totalizavam 46 alunos. No ano de 2003, 41 crianças permaneceram na escola e continuaram, portanto, a participar das atividades da pesquisa. Nesse ano, assim como no primeiro, o número de crianças participantes em cada um dos trabalhos desenvolvidos variou devido a uma série de razões (falta às aulas por motivo de doenças, viagens ou por razões não justificadas).

Vinte e sete crianças, no ano de 2002, tinham idade de cinco anos (completada até o dia 30 de junho de 2002) e dezenove crianças, idade de seis anos (completada até 31 de dezembro de 2002), sendo 25 meninas e 21 meninos. Foi possível verificar que três crianças, desde 1998, freqüentavam instituições educativas infantis, 29 desde 1999, sete desde 2000, duas desde 2001 e cinco desde 2002. Dessa forma, a maioria das crianças freqüentava centros de educação havia pelo menos dois anos.

Neste livro, não tomarei nas análises a totalidade de textos produzidos nos anos de 2002 e 2003 e nem a totalidade de crianças participantes no trabalho. Examinarei apenas textos e situações de produção dos registros que ajudam a ilustrar de modo coerente os processos observados durante a coleta de dados. Esses processos foram sintetizados em categorias que os expressam. Tentei dessa forma evidenciar o movimento e a dinâmica da apropriação da linguagem escrita pelas crianças.

Os modos de apropriação da escrita pelas crianças

Conforme mencionado, os dados obtidos na coleta foram organizados em quatro categorias que evidenciam a dinâmica do processo de apropriação da escrita nas crianças. Assim, na primeira categoria, denominada escrita indiferenciada, será analisada a escrita de uma criança que produziu esse tipo de escrita ao escrever o texto. Na segunda, será analisado o emprego pelas crianças de formas icônicas na escrita. Na terceira, será examinado como as crianças, ao escrever o texto, lidavam com a difícil tarefa de lembrar os nomes e as formas das letras. Finalmente, na quarta e última categoria, será analisado o surgimento da capacidade de refletir sobre as unidades da linguagem oral. É importante ressaltar ainda que essas categorias foram construídas, a partir das situações de registro das sentenças, das características da escrita elaborada pelas crianças e, também, a partir do modo como se relacionaram com elas para lembrar os textos anotados.

Escrita indiferenciada

Como mencionado, o desenvolvimento da escrita na criança é um processo complicado, marcado por mudanças bruscas, involuções, transformações de determinadas formas de atividade gráfica em outras. Nesse sentido, as primeiras formas de atividade gráfica indiferenciadas são vistas por Luria (1988) como precursoras do desenvolvimento da escrita na criança. Entre os estudiosos do desenvolvimento da escrita na criança, parece haver convergência de opiniões com relação a essa questão. Ferreiro e Teberosky (1989, p. 181) dizem:

> Numa criança de classe média, habituada desde pequena a fazer uso dos lápis e papéis que encontra na sua casa, podem ser registradas tentativas claras de escrever — diferenciadas das tentativas de desenhar — desde a época das primeiras garatujas ou antes ainda (2 anos e meio e 3 anos).

O texto das autoras sugere que as primeiras garatujas, consideradas como traços casuais sem qualquer tentativa de controle, podem ser consideradas escritas. Ele ainda fornece elementos para pensar em dois percursos de desenvolvimento (do desenho e da escrita) que são iniciados ao mesmo tempo em determinadas crianças, mas que se desenvolvem separadamente um do outro. As primeiras tentativas de escrita, segundo as autoras, são de dois tipos: "[...] traços ondulados contínuos (do tipo de uma série de emes em cursiva), ou uma série de pequenos círculos ou linhas verticais" (Ferreiro e Teberosky, 1989, p. 181). Dessa forma, nesse momento, já haveria escrita na criança e seus tipos dependeriam dos modelos de letra (cursiva ou de fôrma) com que as crianças têm contato ou interagem no meio ambiente. Essas autoras consideram essa atividade imitativa e perguntam-se: "[...] a partir de que momento a criança dá uma interpretação à sua escrita? Em outras palavras, a partir de que momento deixa de ser um traçado para se converter em um objeto substituto, numa representação simbólica?" (ibid., p. 181).

Ao buscar uma resposta para essas questões, dizem que, ao observarem as primeiras tentativas de interpretação da escrita, verificaram que as crianças podem "[...] acompanhar seus desenhos de outros sinais que representam seu próprio nome" (ibid., p. 182). Essa observação leva as autoras a começarem a pensar que os sinais distintos dos desenhos representam os nomes. Dessa forma, segundo Ferreiro (1990c, p. 19), ocorrem, no primeiro nível de desenvolvimento da escrita nas crianças, "[...] duas distinções básicas: a distinção entre as marcas figurativas e as não figurativas por um lado, e a constituição da escrita como objeto substituto por outro"; essa última considerada por Ferreiro (1990b, p. 108) "[...] como objeto cuja função é representar outros objetos". Nesse caso, as letras passam a representar algo, os nomes, e deixam, segundo a autora, de serem "objetos-em-si". Por outro lado, a arbitrariedade e a ordenação linear são características da escrita infantil, que a diferenciam dos desenhos. Ferreiro (1990a) assinala ainda que o primeiro nível de evolução da escrita é caracterizado pela busca de condições para que a escrita possa ser lida; usando os termos da autora, *pela busca das condições de interpretação desses objetos substitutos*.

Com base em Lurçat (1988), Ferreiro e Teberosky (1989) acreditam que as crianças tentam refletir, na escrita, características do objeto a ser representado. Essas características, no entanto, dizem respeito aos

> [...] *aspectos quantificáveis do objeto e aspectos quantificáveis da escrita*, e não entre aspecto figural do objeto e aspecto figural do escrito. Isto é, não se buscam letras com ângulos marcados para escrever "casa", ou letras redondas pra escrever "bola", mas sim um maior número de grafias, grafias maiores ou maior cumprimento do traçado total se o objeto é maior, mais comprido, tem a mesma idade ou há um maior número de objetos referidos. (Ferreiro e Teberosky, 1989, p. 184-185, grifos das autoras)

Assim, Ferreiro e Teberosky (1989) sugerem que a evolução da escrita na criança tem início no momento em que ela distingue desenho e escrita. O que evidencia ainda essa distinção são as características dos grafismos produzidos e, portanto, o fato de apresentarem uma ordenação linear. De modo geral, a partir desse momento, as autoras observaram tentativas de construção de hipóteses ligadas à legibilidade do escrito. Nessa direção, as crianças estabelecem a necessidade de uma certa quantidade e de variedade de letras para que o escrito possa ser lido. Esses princípios quantitativos e qualitativos visam também à diferenciação das escritas. As crianças compreendem que objetos distintos devem ser representados por seqüências de letras distintas umas das outras e, dessa forma, a variação qualitativa se faz interna e externamente (entre os escritos).

Contini Júnior (1988, p. 78) também concluiu que os "grafismos primitivos" e indecifráveis marcam o início da evolução da escrita na criança. Entretanto, diferentemente de Ferreiro e de suas colaboradoras, classificou os primeiros grafismos das crianças em três categorias: grafismo primitivo sem linearidade; grafismo primitivo sem linearidade e com linearidade;

grafismo primitivo com linearidade. No primeiro tipo de grafismo, não foram observadas tentativas de ordenação linear dos rabiscos. No último, essa tentativa foi identificada e correspondeu à descoberta da direção da escrita, havendo ainda "[...] uma tentativa, por parte da criança, de diferenciar os seus escritos através da quantidade e do tamanho (longo/curto) dos movimentos executados, via de regra simulando os movimentos de onda" (ibid., p. 76). No segundo tipo de grafismos, o autor observou a construção de estratégias presentes no primeiro e terceiro tipos, o que implica a existência de uma fase intermediária entre esses dois tipos de grafismos.

Apesar do grau de refinamento que o autor atribui a essa etapa, em sua opinião, nos grafismos primitivos, podem ser encontradas as origens da evolução da escrita nas crianças. É importante destacar que o seu objetivo inicial de trabalho foi comprovar "[...] que há variação no desenvolvimento da escrita, de criança para criança; mas esse processo não se configura como sendo discreto e linear" (ibid., p. 76). Nesse sentido, a diferença entre os resultados da pesquisa desse autor e os de Ferreiro e Teberosky (1989) reside no fato de o primeiro considerar que, em uma mesma criança, podem ser observadas fases intermediárias de desenvolvimento e, portanto, a coexistência de duas estratégias distintas para efetuar a representação das palavras. Isso foi evidenciado com a existência de uma fase intermediária já no início do desenvolvimento da escrita na criança. Além disso, esse autor pensa o início do processo de desenvolvimento da escrita quando a criança ainda realiza uma atividade gráfica sem ordenação linear.

Contini Júnior (1988) hipotetizou que as etapas de desenvolvimento da escrita na história da humanidade se refletem nas etapas pelas quais passam a escrita infantil. Essa hipótese foi corroborada, pois o autor traçou um percurso que foi definido por ele de maneira geral: grafismo primitivo → pictografia → escrita ideográfica → e escrita silábica. Para traçar esse percurso, toma como referência especialmente o trabalho de Gelb (1976). Diferentemente de Ferreiro e Teberosky (1989), o autor pensa um percurso de desenvolvimento em que a escrita pictográfica (assim como a ideográfica) é um momento posterior ao surgimento do grafismo primitivo. Para as autoras, no entanto, a evolução da escrita nas crianças tem início no momento em que são capazes de distinguir desenho e escrita e, por isso, não concebem um momento em que as crianças fazem uso do desenho para escrever.

Ferreiro (1996, p. 155), ao discutir semelhanças e diferenças entre o seu trabalho e o de Luria (1988), assinala que "[...] ambos partilham de uma 'versão oficial da história da escrita' que, em grandes pinceladas, vai da pictografia à fonetização; esta última é iniciada por procedimentos de 'rébus', passa por sistemas silábicos e culmina no sistema alfabético". Dessa forma, a autora assume que os autores de referência para seus estudos foram principalmente Gelb (1976) e Cohen (1958) e assinala que, no momento em que ela e Ana Teberosky escreveram o livro, intitulado no Brasil de *Psicogênese da língua escrita*, a única literatura intelectualmente estimulante sobre a história da escrita era o trabalho de Gelb (1976). Assim, a importância atribuída por esse autor às escritas silábicas na constituição dos alfabetos e, também, o valor conferido à escrita de nomes próprios para a passagem à fonetização da escrita possibilitaram o surgimento da idéia de "[...] que apesar de estarem expostas apenas a um tipo de escrita (alfabética), as crianças recapitulariam alguns momentos-chave da história da escrita na humanidade" (Ferreiro, 1996, p. 158). Entretanto, a autora adverte que jamais tentaram "adotar a tese da recapitulação". Isso pode ser evidenciado pelo fato de, no percurso trilhado pelas crianças, não terem observado nenhum dado que confirme que "a pictografia antecede a escrita fonográfica". Nesse sentido, confirma que a linha psicogenética de desenvolvimento traçado por elas começa com a distinção entre desenho e escrita. É possível inferir que, na ótica dessa autora, essas duas formas de representação não se influenciam, exceto por tentativas das crianças de representar aspectos quantificáveis dos objetos.

As etapas pictográfica e ideográfica evidenciadas na pesquisa de Contini Júnior (1988) não estão presentes no estudo de Ferreiro e Teberosky (1989). Ferreiro (1990b) diz que a distinção entre desenho e escrita não leva a uma diferenciação nítida nas escritas, pois não há, nesse momento, linearidade e variedade e quantidade de caracteres. "Uma vez iniciada a atividade de escrever, é o espaço disponível que cria os limites" (Ferreiro, 1990b, p. 106). O progresso consiste, segundo a autora, na organização linear dos escritos e na introdução de certa variedade, mesmo que essa última ainda não seja nítida.

> Até que, num dado momento, assiste-se a uma drástica redução na quantidade de grafias; tão drástica que, para alguns sujeitos, escrever algo que fique bem com um desenho, uma imagem ou um objeto, significa colocar uma grafia (uma e somente uma) para cada um. (Ibid., p. 106)

A autora admite, no início do desenvolvimento da escrita na criança, a existência de escritas que não possuem uma nítida diferenciação umas das outras, a partir dos princípios de quantidade e variedade de caracteres, podendo as crianças registrar uma letra (escrita unigráfica) correspondente a um objeto ou imagem.

Azenha (1995) observou, em seu estudo, que uma das crianças produziu uma escrita que continha, ao mesmo tempo, os princípios de legibilidade descritos por Ferreiro (variedade e quantidade de letras) e ordenação linear, ao ser estimulada a escrever uma seqüência de palavras de um mesmo grupo semântico com o objetivo de lembrar, com o auxílio dos registros, as palavras anotadas. Nesse sentido, esse estudo indicou a existência de um momento no desenvolvimento da escrita que articula, ao mesmo tempo, diferenciações de acordo com o conteúdo a ser registrado e ordenação linear, mesmo quando a criança ainda escrevia e lia de baixo para cima. Dessa forma, a primeira escrita analisada por essa autora, no seu trabalho, "[...] apresenta os primeiros requisitos formais de legibilidade, além da linearidade própria da escrita convencional" (Azenha, 1995, p. 91).

Luria (1988), no entanto, interessado em investigar o surgimento de escritas simbólicas, assinala, conforme já mencionado, que as primeiras escritas infantis são indiferenciadas. As diferenciações surgiram em decorrência da introdução de fatores nos conteúdos das frases que seriam escritas pelas crianças que, também, provocaram o surgimento da pictografia. Após descrever o percurso que vai das escritas indiferenciadas até à escrita pictográfica, Luria (1988) assinalou para o início de um novo momento em que as crianças têm que se apropriar das formas convencionais de escrita. Então, ao passar a usar letras que estão sendo ensinadas, na escola, para escrever, segundo o autor, "[...] no primeiro estágio de desenvolvimento da escrita simbólica, a criança começa com uma fase de escrita não diferenciada pela qual já passara muito antes" (ibid., p. 181). As ponderações de Luria (1988) sugerem que uma coisa é a gênese da escrita que remonta aos primeiros traços indiferenciados sem função mnemônica; outra são *os momentos do desenvolvimento ou os processos que se constituem nas crianças quanto têm que ser relacionar e fazer uso do sistema convencional de escrita usado socialmente.*

Para grande parte das crianças brasileiras, isso ocorre nas instituições educativas escolares. No caso das crianças participantes desta pesquisa, com idade inicial entre cinco e seis anos, as professoras incentivavam o uso das letras para escrever. Assim, foi possível, com este trabalho, observar os momentos e os processos que se desenvolveram nessas crianças quando tinham que fazer uso das letras do alfabeto para escrever. As situações de registro dos textos possibilitaram ainda observar o que ocorre ao serem incentivadas a escrever e a usar as escritas para lembrar os textos registrados. Nesse sentido, é importante enfatizar que a análise dos dados não visa, como a maioria dos estudos, a traçar um percurso evolutivo, mas evidenciar modos de apropriação, momentos desse processo que podem ser importantes para seu entendimento. Um aspecto que me parece extremamente importante está ligado às relações que esses processos guardam com o ensino e, portanto, com a maneira como os conhecimentos sobre a escrita são elaborados e significados na sala de aula.

Os dados desta pesquisa indicam a pertinência da idéia de Luria (1988), pois foi possível observar que as crianças, no início da aprendizagem das letras, retomam o uso de traços indiferenciados. Em uma situação de registro do texto, uma criança produziu escritas indiferenciadas.[1] Os traçados das letras, como poderá ser notado na escrita que se segue, se assemelham às letras "eme", "ene" e "esse" cursivas. Então, será analisado, neste tópico, o trabalho dessa criança. Serão analisados ainda os trabalhos de duas crianças que não escreveram dessa maneira, mas, ao serem incentivadas a lembrar o texto com o auxílio da escrita, pronunciaram palavras isoladamente. Essas

---

1. As escritas foram chamadas dessa maneira, porque não foram observadas tentativas de distingui-las de acordo com os enunciados orais que deveriam ser anotados.

análises se justificam, neste tópico, porque pretendo discutir, a partir dos dados, a questão da representação dos nomes, ou a concepção das crianças, no início da aprendizagem da escrita, de que as escritas distintas das formas figurativas representam nomes. Como dito, iniciaremos a análise pelo trabalho da criança que produziu escritas indiferenciadas.

G estava participando pela primeira vez do trabalho de produção e registro dos textos, pois foi matriculada, no ano de 2003, no Centro de Educação Infantil. Infelizmente, não foi possível acompanhar o seu curso de desenvolvimento, pois seus pais solicitaram a sua transferência para outro centro de educação infantil. Veja a sua escrita.

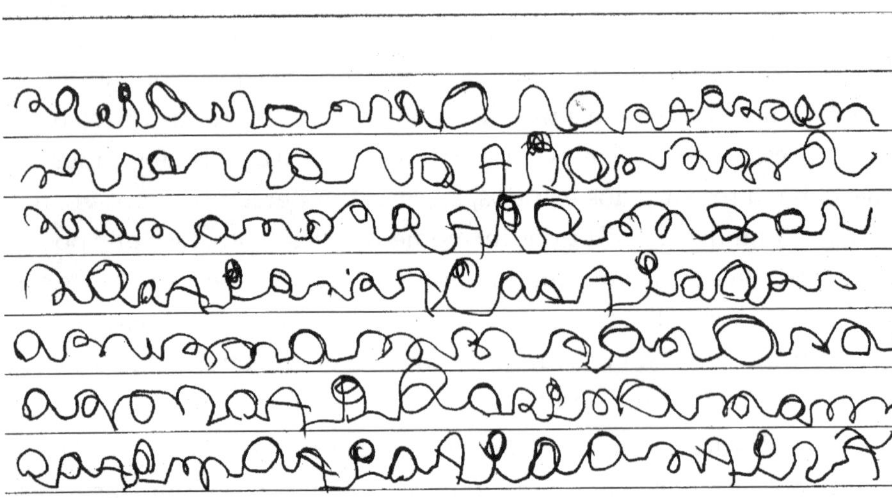

A nova escola
Eu gosto da escola,
de brincar muito na escola.
Eu gosto de brincar no pátio.
brincar na sala
e de beber água.
Só gostaria de balançar, mas não tem balanço.
A escola é bonita. Tem sala bonita.
(Texto de G, março de 2003)

No texto elaborado oralmente, G diz gostar da escola, de brincar na escola, na sala de aula, de beber água. De modo geral, as crianças sempre pediam à professora para "beber água". Esses eram momentos em que saíam das suas salas de aula e eu as observava brincando pelos corredores, olhando as outras salas, conversando com colegas de outras turmas. Provavelmente, G gostava do passeio que fazia quando saía da sala para "beber água". Ela ainda disse sobre a sua insatisfação quanto à ausência de balanços na escola.

Com relação às características da escrita elaborada pela criança, é possível verificar, como dito, que é indiferenciada. Dessa maneira, as sentenças e partes do texto produzido oralmente foram escritas com grafias muito semelhantes. Ferreiro (1990b) classificou esse tipo de escrita como sem controle de quantidade dos elementos. O controle só é estabelecido, segundo a autora, pelos limites colocados pela folha de papel (término da linha, por exemplo). Porém, acredito que essa interpretação é insuficiente para explicar a escrita elaborada pela criança.

Assim, é interessante observar como ocorreu o trabalho de registro, iniciado com a seguinte recomendação: a criança deveria escrever com atenção, pois iria lembrar o texto com o auxílio da escrita. Primeiramente, G escreveu o título do texto até a metade da linha. Ao escrever a primeira sentença, completou a linha com as escritas. Entretanto, como pode ser visto, não colocou espaço em branco entre o título e a primeira sentença. Escreveu a segunda "eu gosto muito de brincar na escola" com grafismos que cobriram a linha seguinte. Ao ouvir a terceira sentença "eu gosto de brincar no pátio", completou dizendo "mais de balanço". Argumentei que havia dito que gostava de brincar de balanço, mas que disse também que "gosta de brincar no pátio", conforme eu havia escrito. Cobriu, então, a outra linha com os escritos. Em um determinado momento, eu ditei a sentença "só gostaria de balançar, mas não tem balanço" e a criança perguntou: [2]

C — Primeiro pode escrever que eu gosto de beber água?

P — Você já escreveu eu gosto de beber água?

---

2. Usarei a letra P para identificar, nos diálogos, a fala da pesquisadora e a letra C para indicar as falas das crianças.

C — Não.

P — Não escreveu... o que você escreveu?

C — Eu escrevi... G... (*Fala o seu nome e aponta onde o escreveu.*) Gosto de brincar no pátio, brincar na sala e de boneca. (*Aponta os escritos.*)

P — E beber água.

C — (*Começa a escrever.*) Beber água. (*Sussurra enquanto escreve e completa a linha com os escritos.*)

A criança indicou corretamente onde havia escrito o seu nome "eu escrevi... G...". Também deixou de mencionar sentenças que havia escrito e fez corresponder cada linha com os registros com uma das sentenças pronunciadas. Ao fornecer a informação sobre o que havia escrito, apontou ainda os registros observando a organização da página escrita. Além disso, apesar de ter usado uma linha inteira para escrever "beber água e brincar na sala", disse que não havia escrito "que gosta de beber água". Dessa forma, o texto inicial precisou ser alterado para que escrevesse uma parte que considerou não ter escrito. Após essa conversa, a criança começou a sussurrar as frases enquanto escrevia e fazia pausas, para que concluísse o registro juntamente com a pronúncia da frase. Demonstrou, então, saber que os registros deviam corresponder às sentenças que estavam sendo anotadas e, por isso, não quis deixar de registrar uma delas.

Sendo assim, acredito que não seria adequado *classificar* esse tipo de escrita como sem controle de quantidade. Primeiro, porque o título foi escrito sem ter como limite o final da linha e, segundo, porque a criança estava atenta às sentenças anotadas não deixando de escrever nenhuma delas. Esse último aspecto é importante, pois a criança demonstrou saber que a escrita é linguagem e mantém relação com os enunciados orais. Nesse sentido, mesmo que não saiba usar escritas convencionais para representar as sentenças, a sua escrita é simbólica, pois compreendeu que os significados produzidos oralmente podem ser representados por marcas simbólicas arbitrárias. Entretanto, não conseguia ainda fazer uso funcional da escrita. Ao escrever a última frase, ocorreu o seguinte diálogo:

> C — A escola é bonita... (*escreve enquanto fala*) tem sala... tá escrito... vou escrever aqui a escola é bonita... (*escreve mais um pouco*) é pra levar pra casa esse dever?
>
> P — Não... esse dever vai ficar comigo.
>
> C — Eu queria mostrar pra mamãe porque eu aprendi a escrever.
>
> P — Então... você leva para casa... mostra para a mamãe e traz de volta.
>
> C — Hoje... mamãe pode me buscar... então... você fica aqui até ela me buscar... mostra a ela rapidinho... pra ela lê e eu te entrego... (*começa a escrever novamente*) o que eu escrevi... a escola é bonita... telefone? (*Toca o telefone no corredor.*) Você tem namorado?

G ficou contente com a sua escrita. Acreditava que havia aprendido a escrever e, por isso, quis mostrar o seu trabalho para a sua mãe. Além disso, o diálogo evidencia que estava atenta ao conteúdo das sentenças. Em outro estudo (Gontijo, 2003), foi possível observar, no início da aprendizagem das letras do alfabeto, que uma criança escrevia o texto com a mesma escrita indiferenciada. O trabalho desenvolvido por G corrobora as observações feitas naquele trabalho. Assim, como dito, "[...] a escrita apresenta o caráter não diferenciado das primeiras escritas produzidas pelas crianças participantes do estudo de Luria, mas, ao mesmo tempo, traz uma característica nova, introduzida pela aprendizagem escolar: o uso das letras do alfabeto" (Gontijo, 2003, p. 46).

No caso de G, a criança usou alguns traços que se assemelham a letras. Eles foram organizados linearmente da esquerda para a direita e de cima para baixo obedecendo, desse modo, à organização da página escrita, e a criança utilizou símbolos arbitrários para representar as sentenças. Nesse sentido, quanto ao modo como os escritos foram organizados, possuem características observadas por Ferreiro (1990b). No entanto, mesmo que as características da escrita coincidam com escritas analisadas no estudo dessa autora, se forem considerados os objetivos que orientaram a sua produção, pode-se inferir mais um aspecto de fundamental importância: essas escritas têm o mesmo caráter não instrumental das primeiras escritas observadas por Luria (1988), além de compartilhar com elas as mesmas características formais (linearidade e arbitrariedade) exceto pela presença de traços semelhantes às letras. A criança demonstra ter aprendido atributos da escrita, mas não é capaz de usá-la funcionalmente para recordar os conteúdos anotados. Entretanto, a apropriação dessas características é reveladora dos modos como a criança elabora a escrita que está sendo aprendida na escola.

É importante notar que, apesar de as crianças participantes do estudo terem idade de cinco e seis anos, não foi possível verificar em nenhuma situação de escrita das sentenças dos textos o que foi denominado por Ferreiro (1992) e Contini Júnior (1988) de grafismos primitivos, ou seja, o predomínio de "rabiscos" com ou sem linearidade. Isso não significa, no entanto, que os tipos de grafismos indicados pelos autores não possam ser observados em crianças menores ou em crianças que são incentivadas tardiamente a fazer uso de letras para escrever.

Assim, após G concluir o registro das sentenças do texto, conversamos um pouco sobre namorados, respondi às suas perguntas e continuamos o trabalho. Perguntei se a escrita auxiliava a lembrar o texto que escreveu. Ela disse que sim. Leu seu nome dizendo: "Aqui está escrito G...". Observou os registros e disse ter esquecido. Pedi que observasse melhor a escrita, ela o fez e rememorou algumas frases apontando a escrita da esquerda para a direita e de cima para baixo. Em seguida, ficou pensativa, talvez tentando lembrar outras sentenças. Como não conseguiu lembrá-las, encerramos o trabalho. Dessa forma, a criança não se relacionou com a escrita para lembrar as sentenças anotadas. Entretanto, houve todo um trabalho de elaboração da escrita que precisa ser valorizado como indicador dos processos que estão se constituindo na criança. Conforme sugere Luria (1988), ela domina mecanismos externos da escrita, mas essa não é instrumental. A conduta de G, no momento da produção, sugere que sabia que são usados símbolos arbitrários para anotar as sentenças. Porém, como a sua escrita é ainda indiferenciada, ela rememorou sem o seu auxílio algumas sentenças que motivaram o registro.

Um outro ponto importante a ser destacado diz respeito ao fato de a criança enunciar o texto, no momento em foi incentivada a ler, diferentemente de duas crianças que, na primeira atividade de registro dos textos, diante desse mesmo incentivo, leram palavras isoladamente. GS foi uma dessas crianças. Ele não se negou a realizar a proposta de produção oral do texto sobre o *Animal de estimação*. Porém, quando pedi que o fizesse, se limitou a dizer uma única sentença: "Eu queria ter um gato". Insisti para que falasse sobre o gato, sobre como ele seria, o nome que daria a ele etc., mas as minhas provocações foram inócuas. Solicitei, então, que escrevesse o que havia dito. Ele também não se negou a escrever e elaborou a escrita que se segue:

Animal de estimação
Eu queria ter um gato.
(Texto de GS, agosto de 2002)

Dessa forma, utilizou duas seqüências distintas de letras para escrever o título e a sentença. Ao ser questionado se a escrita ajudava a lembrar o que havia escrito, respondeu que a escrita ajudaria. Pedi, então, que lesse o escrito. Apontando a última seqüência de letras, disse que havia escrito "gato". Perguntei se havia escrito algo mais. Ele disse que não. Uma explicação plausível para a resposta da criança é a consideração de que ele efetivamente escreveu a palavra "gato". Essa explicação pode ser considerada, porque outras crianças, ao escrever o título *animal de estimação*, perguntavam se era para escrever o nome do animal que possuíam ou que gostariam de ter e outras desenharam o animal atendo-se exclusivamente ao significado que a expressão tinha para elas. GS não fez nenhuma pergunta semelhante durante a realização da atividade e nem mesmo desenhou o animal que gostaria de ter, mas essa interpretação me parece possível dentro do conjunto de trabalhos analisados.

F, também, ao ser incentivado a lembrar o texto sobre o animal de estimação com o auxílio da escrita, disse palavras isoladamente:

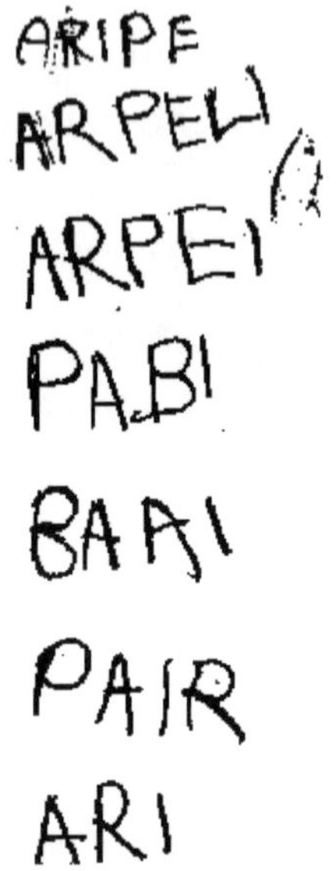

Animal de estimação
Eu tenho um passarinho e um cavalo.
O cavalo fica na maré,
porque senão ele foge.
Minha vó tem um coelhinho
e um pagagaio.
Minha vó tem um monte de cavalo.
(Texto de F, setembro de 2002)

Como pode ser visto, a criança usou as letras A R I P E L B para compor as sentenças do texto. Portanto, utilizou sete letras. Para cada sentença, escreveu no máximo cinco letras. A última sentença que expressa quantidade ("minha vó tem um monte de cavalo") foi escrita com apenas três letras. A criança poderia ter tentado refletir essa quantidade na escrita usando um número maior de letras, entretanto usou um número menor. Veja como ocorreu a escrita das sentenças:

P — Animal de estimação.

C — (*Escreve uma letra.*) Cadê a borracha?

P — (*Mostra onde está.*)

C — Apaga a primeira letra.

P — Por que você está apagando?

C — Porque eu errei.

P — Então... continue... animal de estimação.

C — (*Escreve ARIPE.*)

P — Eu tenho um passarinho e um cavalo.

C — Eu tenho. (*Escreve ARPEL.*)

P — O cavalo fica na maré amarrado.

C — O cavalo fica na maré. (*Escreve ARPEI.*)

P — Porque senão ele foge.

C — (*Escreve PABI.*)

P — Minha vó tem um coelhinho.

C — (*Escreve BAPI.*)

P — e o papagaio.

C — (*Escreve PAIR.*)

P — Minha vó tem um monte de cavalo.

C — (*Escreve ARI.*)

Azenha (1995) argumenta que as escritas infantis modificam-se quando as crianças têm que escrever quantidades. Assinala ainda que, "[...] quando comparada com a escrita icônica primitiva, a escrita feita com letras exibe um predomínio menor de atributos não-lingüísticos na representação, e não os exclui de imediato". Nesse sentido, ao escrever seqüências de frases com contrastes de quantidade, como ocorreu com as sentenças do texto produzido por F, a autora observou que as crianças participantes de sua pesquisa representaram quantidades e essa foi uma forma usada para diferenciar as escritas. Como exemplo, pode ser citada a escrita da menina Tamara (Azenha, 1995, p. 157) que, ao escrever "uma árvore", escreveu uma letra A e, ao escrever "bastante árvores", registrou quatro vezes essa letra. Dessa forma, mesmo usando letras para escrever, a criança diferenciou a escrita representando a quantidade. Segundo Azenha (1995), determinados atributos favorecem mais que outros o surgimento desse tipo de alteração da atividade gráfica. Seu estudo evidenciou ainda que esse tipo de diferenciação ocorre em diferentes momentos (grafismo primitivo, pictografia, uso de letras). Luria (1988) também evidenciou que o fator quantidade e outros produzem mudança na atividade gráfica, pois as crianças passam a refletir na escrita esses fatores. Nesse sentido, considero as verificações de Luria (1988) e de Azenha (1995) pertinentes, mas, no caso específico de F, esse tipo de fator não favoreceu o surgimento de diferenciações da escrita e nem mesmo levou a criança a se relacionar com a escrita para lembrar o texto registrado.

Ao final do registro, perguntei se a escrita ajudava a lembrar o texto. Ele disse que ajudava. Então pedi que lesse. Ela disse que havia escrito cavalo, coelho por duas vezes, boi e papagaio. Ao ler, pronunciou as palavras isolando as sílabas e apontou os escritos desenvolvendo um tipo de leitura incentivado na sala de aula pela professora (ler apontando os escritos). Não indicou todas as letras, mas terminou a leitura dos nomes dos animais na última linha de registros. É claro que, para isso, teve que deixar de assinalar algumas letras. Entretanto, é importante observar que indicou letras para cada silaba das palavras pronunciadas. Dessa forma, não acredito que a intenção no momento da escrita foi de escrever somente os nomes que apareciam nas sentenças. Ele apenas adotou um procedimento por não se lembrar de todas as sentenças e que permitiu realizar um tipo de leitura desenvolvida na sala de aula.

Ferreiro (1990b) assinala que, após as crianças compreenderem que a escrita representa nomes e, portanto, que é um *objeto substituto*, se desenvolvem as tentativas de diferenciação das grafias. A importância atribuída por essa autora à escrita de nomes está ligada à analogia que pretendeu estabelecer entre o desenvolvimento da escrita na criança e o desenvolvimento da escrita no decurso da história humana, pois, na perspectiva do modelo adotado, a necessidade de escrever nomes é que leva ao surgimento de escritas fonográficas. Entretanto, como evidenciaram as diversas situações que serão analisadas, neste trabalho, em circunstâncias em que as crianças são incentivadas a escrever sentenças de um texto, a grande maioria não disse ter escrito somente nomes de objetos. Dessa forma, a metodologia de pesquisa utilizada pela autora, baseada predominantemente na escrita de palavras, deve ter influenciado as respostas das crianças participantes de suas pesquisas.

Para finalizar, é importante enfatizar que a análise desenvolvida da escrita de G indica a pertinência das observações de Luria (1988), porém sua escrita não foi elaborada sem considerar os significados que estavam sendo anotados. Nesse sentido, mesmo que sua escrita não seja instrumental, ela é simbólica, pois a criança estava atenta aos enunciados orais que deviam ser escritos. Quanto às crianças que disseram ter escrito nomes, é importante notar que esse tipo de resposta não pode levar à generalização de que elas acreditam que a escrita representa nomes dos objetos. Na análise desse tipo de resposta, é preciso atentar para as circunstâncias de produção (o conteúdo da escrita e suas finalidades) e pensar como as crianças estão se apropriando da escrita na sala de aula, pois esses são fatores que influenciam as respostas das crianças.

O emprego de formas icônicas na escrita

No item anterior, foi analisado o trabalho de produção de texto realizado por uma criança que escreveu de forma indiferenciada. A partir da análise, foi possível concluir que a sua escrita não é instrumental, pois a criança não se relacionou com ela para lembrar o texto anotado. Por outro lado, a escrita é simbólica, pois a criança aprendeu que são usadas letras para escrever, para registrar as sentenças do texto. Dessa forma, ela sabia que a escrita é uma forma gráfica de linguagem. Neste tópico, serão examinados outros trabalhos de produção de textos em que as crianças, ao serem incentivadas a escrever o texto, com a finalidade de lembrar o seu conteúdo, como primeira resposta a essa solicitação, desenharam.

Na primeira situação de registro dos textos, sete crianças iniciaram a tarefa desenhando.[3] Serão analisados os trabalhos de produção de textos desenvolvidos por essas crianças, para verificar o que possibilitou em cada uma das situações o surgimento desse tipo de atividade gráfica e o que ocorreu quando foram estimuladas a escrever. Na pesquisa desenvolvida por Azenha (1995), o que possibilitou o surgimento da escrita pictográfica foi a introdução, no conteúdo das seqüências de frases, de atributos como

3. É necessário notar que esse tipo de escrita ocorreu apenas no primeiro momento de coleta de dados, mesmo porque as crianças eram questionadas se estavam desenhando ou escrevendo e incentivadas, então, a escrever. Isso foi feito, porque considero que o trabalho de Azenha (1995) fornece elementos suficientes para a compreensão do momento do desenvolvimento em que a criança escreve com desenhos.

quantidade, tamanho, cor etc. Neste estudo, o conteúdo dos textos a serem escritos não foi intencionalmente planejado para levá-las a escrever desse modo.

Primeiramente, será retomado um ponto importante do trabalho de Vigotski (2000) sobre o percurso geral de desenvolvimento da escrita nas crianças. Assim, ao escrever sobre *A pré-história da escrita na criança*, esse autor assinala que a representação simbólica no jogo "[...] é uma forma peculiar de linguagem que leva diretamente à linguagem escrita" (Vigotski, 2000, p. 191). No estágio em que se encontram os meus estudos, não tenho condições de argumentar e analisar essa questão, mas existem aspectos discutidos pelo autor, nesse texto, que são essenciais e, por isso, foram discutidos em capítulo anterior e outros serão comentados neste tópico.

Segundo Vigotski (ibid., p. 192), a partir da análise dos experimentos de Bühler sobre o desenho, é possível "[...] considerar que o desenho infantil é uma etapa prévia à linguagem escrita. Por sua função psicológica, é uma linguagem gráfica peculiar, um relato gráfico sobre algo". Isso porque as crianças relatam no desenho o que sabem sobre algum objeto ou situação e não o que vêem. Vigotski (ibid., p. 192) diz que Bühler considera que "[...] o desenho infantil é mais linguagem do que uma representação". Ele concorda com essa autora e acrescenta que o desenho "[...] é uma linguagem gráfica nascida da linguagem verbal. Os esquemas característicos dos primeiros desenhos infantis recordam os conceitos verbais que dão a conhecer tão-somente os traços essenciais e constantes dos objetos" (ibid., p. 192), portanto, traços generalizáveis dos objetos.

Esse autor diz ainda que grande parte dos psicólogos de sua época acreditava que, quando as crianças descobrem semelhanças do seu desenho com algum objeto, ele assume a função de signo. Argumenta, no entanto, que, nessas circunstâncias, o desenho pode não possuir ainda um caráter simbólico. Nessa direção, assinala que o reconhecimento de determinados objetos no desenho ocorre após esse reconhecimento começar a ser feito por outras pessoas. Sendo assim, o fato de as crianças descobrirem que podem desenhar objetos não implica igualmente, para Vigotski, o *descobrimento da sua função simbólica*, pois, quando a criança reconhece a semelhança de um desenho com um objeto, ela não o considera um símbolo, mas uma "coisa".

Para esclarecer essas idéias, menciona o seguinte exemplo: quando uma criança (mesmo as de cinco anos) observa o desenho de um homem de costas, e diante de perguntas, tais como: "Onde está o rosto? Onde está o nariz?", ela levanta a folha para verificar se estão do outro lado e, somente depois de confirmar dessa forma, responde que não foram desenhados (Vigotski, 2000). O exemplo é interessante e fácil de ser observado por aqueles que trabalham com crianças pequenas.

Nesse sentido, há um desenvolvimento do simbolismo no desenho relacionado com o desenvolvimento da linguagem. Entretanto, mesmo que o desenho tenha um percurso de desenvolvimento próprio, possui, tendo em vista a pesquisa de Luria (1988) e de outros pesquisadores, a mesma origem que a escrita: a atividade gráfica primitiva. Luria (1988), conforme discutido anteriormente, assinala que as primeiras escritas infantis podem ser caracterizadas como *rabiscos não diferenciados*, pois a criança registra qualquer significado exatamente com os mesmos rabiscos. O surgimento da escrita por imagens é, para esse autor, um momento posterior ao surgimento das primeiras atividades gráficas, possível em função da própria capacidade aprendida pela criança de desenhar. Nas situações de pesquisa desenvolvidas por ele, esse tipo de escrita surge após a introdução de determinados fatores (cor, forma, tamanho etc.) nas sentenças que foram escritas pelas crianças. Nesse sentido, elas descobriram uma maneira de registrar os conteúdos que deviam ser anotados, ou seja, construíram um apoio externo para a atividade de lembrar esses conteúdos.

Ferreiro (1990b, p. 104) diz que "[...] um dos primeiros problemas que as crianças enfrentam para constituir uma escrita é definir a fronteira que a separa do desenho". Dessa forma, quando essa distinção é construída, a criança passa a escrever traços arbitrários. Entretanto, a compreensão da escrita como "objeto substituto" se faz de forma processual e construtiva como evidenciam os exemplos de Ferreiro (1990b). Inicialmente, deixam de ter semelhanças figurativas com os desenhos. Ao mesmo tempo, há uma progressão genética no que diz respeito à localização espacial dos grafismos em relação ao desenho. Esses grafismos, no entanto, segundo a autora, "não dizem", eles apenas são letras do ponto de vista da criança que aprende. Dessa forma, para a autora, há

> [...] uma progressão nas grafias — que passam da semelhança figurativa à grafia tratada como "forma qualquer"; ou melhor, da grafia circular (a "bolinha") que, sem ser necessariamente figurativa, corre o risco de transformar-se em tal quando vai inserida em um desenho. Há também uma progressão na localização das grafias (dentro / na fronteira / fora da imagem). Porém também há, simultaneamente, uma progressão no controle da quantidade de grafias e na constituição das grafias enquanto objetos substitutos. (ibid., p. 106)

As elaborações da autora sugerem um percurso inicial de desenvolvimento da escrita infantil que leva à diferenciação entre desenho e escrita e, ao mesmo tempo, um processo de diferenciações das grafias, por meio da definição de princípios que regulam a sua organização. Nesse processo, a compreensão da escrita como objeto substituto é fundamental. Essa compreensão é construída quando as crianças percebem que a escrita representa um elemento do objeto que não pode ser representado nos desenhos: o seu nome. Dessa forma, como dito, a autora não concebe um momento no desenvolvimento em que as crianças utilizam o desenho com função de escrita.

Também como assinalado no tópico anterior, Contini Júnior (1988) evidenciou um processo de desenvolvimento da escrita na criança que tem início com o surgimento de grafismos primitivos. Esse tipo de atividade gráfica é concebido dessa maneira pela "[...] predominância de rabiscos indecifráveis ou, ainda, pseudoletras" (ibid., p. 63). Após esse momento, o autor observou também o surgimento de escritas pictográficas que consistem "[...] na utilização do desenho do próprio objeto, para representar a palavra" (ibid., p. 64) e, em momento posterior, escritas ideográficas que consistiam "[...] no uso de um simples sinal gráfico para representar uma palavra ou um conceito" (ibid., p. 65).

Dessa forma, não há contradições importantes entre as descobertas de Ferreiro e Teberosky (1989) e as desse autor com relação à origem da escrita na criança. As contradições se evidenciam a partir do momento em que Contini Júnior (1988) demonstra, por meio dos dados de pesquisa coletados em uma turma de crianças do Maternal (3 anos), que foi possível estabelecer diferenças entre esse tipo de atividade gráfica, ou seja, havia crianças que produziam grafismos sem linearidade, outras sem e com linearidade e ainda outras com linearidade. Nesse sentido, existia ainda um grupo de crianças participantes da sua pesquisa que utilizou duas estratégias para compor os grafismos (sem e com linearidade) revelando já, nesse momento inicial do desenvolvimento da escrita, uma fase intermediária de desenvolvimento.

Nas crianças de Jardim (4 anos), foi observado, além do grafismo primitivo, o surgimento da pictografia. Esse tipo de escrita apareceu misturado com o grafismo primitivo com linearidade. Essa fase, que também é vista pelo autor como intermediária, parece confirmar os estudos de Ferreiro (1990b) quanto à progressão genética da localização espacial dos grafismos em relação ao desenho. Essa categoria torna-se mais visível nas escritas elaboradas pelas crianças do I Pré (5 anos), nas quais foram ainda identificadas escritas pictográficas e, também, ideográfica e ideográfica / silábica. Assim, se o autor, por um lado, evidencia a existência de fases intermediárias no processo de desenvolvimento infantil que servem para confirmar a sua hipótese de que as etapas do desenvolvimento da escrita não são lineares, por outro, ele também aponta a existência de uma fase pictográfica.

Ferreiro (1990b, p. 104) e colaboradoras evidenciaram, no entanto, um percurso que leva à diferenciação entre o desenho e a escrita. Esse percurso pode ser expresso com as palavras da autora, como:

> [...] por um lado, a diferença entre a grafia-desenho, próxima em sua organização à forma do objeto, e a grafia-forma-qualquer, que não guarda com o objeto senão uma relação de pertinência, produto da atribuição, adquirindo capacidade de simbolizar em virtude de um ato de relacionar feito pelo sujeito, e não por uma semelhança figurativa com o objeto.

Nesse sentido, as primeiras grafias infantis se desenvolvem a partir da atividade de desenho, podendo se caracterizar por formas que podem ser confundidas com o desenho particularmente quando são inseridas dentro dele. Portanto, há uma progressão dos grafismos ligada à sua localização em relação aos desenhos e, também, simultaneamente, por uma evolução

"[...] no controle da quantidade das grafias e na constituição das grafias enquanto objetos substitutos" (ibid., p. 106-107).

Azenha (1995), por meio de estudo empírico com dois anos de duração, observou o surgimento das escritas pictográficas. Seu trabalho focalizou esse tipo de escrita na tentativa de compreender sua evolução e as suas relações com escritas que se formam com letras. O surgimento desse tipo de escrita pictográfica foi verificado em situações em que as crianças participantes de sua pesquisa foram incentivadas a escrever uma seqüência de sentenças com contraste de quantidade.[4] A autora disse que queria verificar

> [...] se a necessidade de escrever conteúdos contrastantes quanto à quantidade ou se o registro de palavras cuja referência sejam sensações particulares e não objetos podem constituir-se em fatores produtivos para a construção de diferenciações objetivas na escrita de maneira a possibilitar a expressão desses conteúdos específicos. (Azenha, 1995, p. 92)

Ao escrever conteúdos dessa natureza, a autora observou que a criança demonstrou saber da necessidade de escrever para ser lido e a sua produção consistiu em desenhar e colocar próximo aos desenhos alguns sinais dispostos linearmente, indicados pela criança como "o nome" de objetos desenhados. Desse modo, esses dados confirmam as observações de Ferreiro (1990a), que afirma que a escrita representa, nesse momento do processo de desenvolvimento, os nomes dos objetos.

Contudo, a autora diz que a novidade observada na tarefa de escrita realizada pela criança reside no fato de ela ter usado também desenhos em um momento em que já ocorreu a diferenciação entre desenhar e escrever. É importante ressaltar que a primeira tarefa analisada pela autora evidenciou que a criança diferenciava os registros para escrever conteúdos distintos. No trabalho de Ferreiro (1990a), os aspectos quantificáveis dos objetos podem influenciar o modo como as crianças diferenciam as suas grafias, mas não provocaram o surgimento da escrita por imagens e nem mesmo possibilitaram a interpretação do escrito.

4. A seqüência a ser escrita pela criança foi: "uma boneca; bastante boneca; hoje está frio; no sol está calor" (Azenha, 1995, p. 92).

No trabalho de Azenha (1995), a leitura efetuada pela criança se deu a partir das imagens. Nesse sentido, os desenhos têm função de escrita, porque, segundo a autora, foram a primeira resposta dada à tarefa de escrever (as grafias colocadas próximas aos desenhos foram um complemento) e ela se relacionou com os desenhos para lembrar os significados anotados. Dessa forma, nas produções gráficas da criança, é possível, segundo a autora, reconhecer a escrita pictográfica tratada por Luria (1988).

> A escrita se altera, com estratégias de registro que permitem o seu uso para a leitura, e a relação da criança com sua produção apresenta a primeira mudança qualitativa: ela não é mais objeto em si, mas transformou-se em um recurso auxiliar para a memória. O uso desse recurso, por outro lado, transforma também a memória, sua própria estrutura psicológica, que deixa de vincular-se apenas às impressões e traços imediatos do contexto situacional, para apoiar-se em um estímulo artificial, autogerado. (Azenha, 1995, p. 98)

Assim, não muda apenas a natureza da escrita, que se transforma em recurso mnemônico, mas também a própria estrutura psicológica da atividade, pois a criança lembrará os conteúdos anotados com o auxílio de um estímulo artificial criado por ela para responder à tarefa de lembrar com o auxílio da escrita. Dessa forma, a escrita se transforma em signo como definido por Vigotski — estímulo artificial que serve de apoio às funções intelectuais. Esses primeiros dados da pesquisa de Azenha (1995) contrastam com os resultados dos estudos de Ferreiro (1990a) e Ferreiro e Teberosky (1989), pois essas autoras identificarem depois que as crianças distinguem desenho e escrita, o desenvolvimento da escrita segue um percurso que não evidencia "o uso simbólico do grafismo produzido". Isso ocorre porque Ferreiro (1990a) não está preocupada com essa questão, mas sim em mostrar como as grafias infantis se tornam objetos substitutos. Além dos objetivos que orientaram os estudos dessas pesquisadoras, existem também aspectos metodológicos que são distintos e, certamente, essas diferenças influenciaram os resultados. No caso de Ferreiro, conforme assinala Azenha (1995), as crianças realizavam a leitura dos seus escritos imediatamente após o registro de cada palavra ou frase e, nesse sentido, não havia um objetivo para escrever. No caso do trabalho de Azenha e de

Luria, a tarefa de escrever estava dirigida para uma finalidade e, por isso, a leitura era feita ao final do registro das seqüências de palavras e frases. Esses pesquisadores introduziram ainda, propositadamente, determinados fatores presentes na linguagem (forma, tamanho, cor etc.) que criaram possibilidades de criação de mecanismos para lembrar as seqüências de palavras e frases.

Ferreiro (1996, p. 155) diz, com relação às experimentações desenvolvidas por Luria (1988), que o seu objetivo manifesto era acelerar o processo e levar as crianças a diferenciarem a escrita, pois o autor definia o processo de evolução da escrita na criança em função de um "modelo externo". Por isso, utilizou o recurso de introdução nos conteúdos das frases "[...] de referenciais numéricos nas orações propostas para serem recordadas, bem como a menção de objetos que podiam ser desenhados facilmente". Por outro lado, argumenta que o objetivo de seu trabalho não foi acelerar o processo e nem poderia fazê-lo, pois o desconhecia. O "modelo externo" mencionado pela autora, provavelmente, é o de uma versão sobre a "evolução histórica da escrita". Penso que os modelos externos que estão presentes no imaginário dos pesquisadores podem ser diferentes, mas eles sempre existem. Nesse sentido, influenciam a condução metodológica dos trabalhos. Entretanto, considero que a influência mais importante no trabalho e, portanto, na organização metodológica da sua pesquisa de Luria foi a concepção de linguagem escrita e de desenvolvimento que orientam os estudos na perspectiva histórico-cultural na Psicologia.[5]

A terceira seqüência de sentenças e palavras propostas para a criança foi organizada, segundo Azenha (1995, p. 102), "[...] para verificar se a diferença do ritmo falado ou a extensão do conteúdo lingüístico produziriam respostas tão imediatas como o contraste de quantidades". O registro desse tipo de seqüência levou a criança a escrever com desenhos e com letras. Para aquelas frases mais difíceis de serem representadas com desenhos, a criança fez uso de seqüências de letras observando os princípios de variedade e quantidade propostos por Ferreiro e Teberosky (1989). Porém, ao ser incentivada a ler, ela lembrou, com o auxílio da escrita, apenas os

5. Esses pressupostos foram discutidos por Gontijo (2003).

conteúdos representados por meio de imagens. A autora diz que o fato de a criança não ter conseguido lembrar as palavras e as frases a levou, na seqüência seguinte, a afirmar o uso de desenhos para escrever. Assim, na quarta seqüência de frases organizadas com base em contrastes de cor e quantidade, a criança usou desenhos para escrevê-la, mas esses adquiriram formas particulares, pois, segundo a autora, eram formas que não possuíam a riqueza dos desenhos infantis no que diz respeito a detalhes, pois foram simplificadas.

Ao discutir o papel da simplificação dos desenhos, quando esses são usados com a função de escrita, diz que ela "[...] demonstra a existência de uma transformação da lógica do registro e da atuação do sujeito em relação ao emprego do grafismo, características decisivas para a identificação da escrita como pictográfica" (Azenha, 1995, p. 126). Nesse sentido, a autora argumenta que a simplificação indica

> [...] seleção do traço generalizante e revela uma estrutura psicológica com processos abstrativos e analíticos que representam um salto psicológico na atividade. Os desenhos são recursos para indicar os conteúdos falados, e esse é o primeiro passo para a descoberta do uso simbólico do grafismo. Essa "forma particular" de desenhar justifica-se porque na verdade o objetivo que a suscitou é diferente do mero desenho e se constitui no avesso da escrita, em uma forma particular de escrever, onde o que está em primeiro plano é o processo psicológico para indicar conteúdos que deverão ser lembrados. Tais conteúdos são os significados da fala e não propriamente a forma lingüística em si. (Ibid., p. 128)

Entretanto, conforme a autora tenta evidenciar, por meio de contribuições dos estudos sobre a história da escrita (Gelb, 1976), do estudo com adultos não alfabetizados (Oliveira, 1989) e estudos sobre a linguagem oral (Luria, 1988), por um lado, o desenvolvimento da linguagem escrita pode ser explicado por analogia à história da escrita e reflete o desenvolvimento da linguagem oral em uma determinada etapa. Tomando como referência, particularmente, o trabalho de Luria (1987), Azenha (1995) afirma que o fato de as crianças escreverem nomes ou retratarem elementos generalizáveis de um determinado conteúdo não implica que a escrita representa contextos lingüísticos. Esse é apenas o início de um longo percurso para que a criança compreenda, por exemplo, que a escrita (letras) representa unidades pronunciadas de uma sentença.

Desse modo, a autora confirma a hipótese de Ferreiro (1990b) de que a criança acredita que a escrita serve para representar os nomes, mas apresenta argumentos que sugerem que essa compreensão está ligada ao próprio processo de desenvolvimento da linguagem nas crianças. No entanto, como observou a autora, os adultos não alfabetizados também não supõem que a escrita represente todos os elementos que constituem um enunciado oral. Nesse sentido, a própria autora apresenta dados que anulam as suas suposições, pois, se a representação de nomes está ligada ao desenvolvimento da linguagem oral, como pode ser observada em adultos que já desenvolveram essa modalidade de linguagem? A diferença importante dos resultados do trabalho de Azenha (1995), se comparados com as suposições de Ferreiro (1990b), está ligada ao momento em que essas tentativas são construídas pelas crianças, ou seja, numa fase posterior à aprendizagem do uso de letras.

Assim, mesmo sabendo que podem ser usadas letras para escrever, ao serem incentivadas a se relacionar com a escrita para lembrar os conteúdos anotados, as crianças lançam mão de uma estratégia de simplificação dos desenhos ou da expressão por meio deles de traços generalizáveis dos objetos que as auxiliam na lembrança das sentenças anotadas. Nesse sentido, conforme argumenta Azenha (1995: 155), é possível que não apenas o nome seja privilegiado como objeto de representação, pois, mesmo quando a criança o representa, "[...] não ocorre exclusão da presença de outros atributos não-lingüísticos no registro, servindo estes também de estratégias de diferenciação dos recursos gráficos". A autora mostra em seu texto exemplos de escrita em que as crianças expressam aspectos quantificáveis do conteúdo a ser escrito, valendo-se das letras aprendidas. Evidencia que alguns atributos (cor, forma, tamanho e brilho) favorecem a emergência desse tipo de diferenciação. Contudo, o fato de as crianças usarem esses expedientes para registrar os significados anotados confirma, para a autora, que o uso de letras ou de elementos do sistema convencional de escrita pelas crianças

"[...] não representa a descoberta definitiva de que apenas atributos lingüísticos devam estar presentes na representação" (ibid., p. 159).

Além disso, conforme indica Azenha (1995), em uma fase precoce do desenvolvimento infantil, a criança descobre que a escrita pode mediar a atividade de memória. Por isso mesmo, observou que, ao escrever uma seqüência de palavras de um mesmo campo semântico e com variações no número de sílabas, a criança, ao usar letras, ficou desapontada com o fato de não conseguir lembrar todas as palavras que motivaram no registro. Ao ser estimulada a escrever novamente uma seqüência de sentenças com contrastes de tamanho e quantidade, a criança efetivamente desenhou. Essa conduta é explicada como conseqüência da "[...] frustração da incompletude ou impossibilidade de leitura da escrita silábica sem nenhum valor sonoro convencional" (ibid., p. 144). Azenha mostrou exemplos em que ocorre uma discrepância entre as possibilidades de uso de letras do sistema de escrita e de leitura. Nesse sentido, sugere que a solução para essa discrepância, ou "impasse genético", como ela mesma denominou, está justamente no ensino sistemático de como se organizam as relações entre letras e sons.

Apesar de este estudo ter começado com crianças que possuíam cinco anos de idade, não havia interesse em verificar a fase do desenvolvimento da escrita por imagens. Por isso, elas eram questionadas quando desenhavam e incentivadas a escrever com letras. No momento da coleta de dados, eu tinha clareza de que, se a escrita com desenhos fosse incentivada, ela se desenvolveria. Entretanto, meu interesse era descobrir o que ocorreria se as crianças fossem privadas dessa possibilidade. Em algumas situações, no entanto, ao serem estimuladas a escrever o título do texto produzido oralmente, elas desenharam. Como eram questionadas, passavam a fazer uso dos símbolos alfabéticos que conheciam para escrever as sentenças do texto. Serão discutidas as atividades desenvolvidas por essas crianças. Primeiramente, será analisada a atividade desenvolvida por R. A criança escreveu o texto *O telefone*. Esse texto foi composto oralmente a partir de uma história com imagens do livro de Eva Furnari.

Como pode ser visto, R desenhou o telefone. Ela o desenhou, após argumentar que não sabia escrever essa palavra e ser incentivada a escrever como sabia. Ao terminar o desenho, perguntei se havia desenhado ou

O telefone
A bruxa e o gato estão no sofá. A bruxa dormiu e o gato pegou a sua varinha mágica. Ele fez aparecer um hambúrguer. Ele comeu o hambúrguer. A bruxa acordou e ficou procurando a varinha.
(Texto de R, agosto de 2002)

escrito. Ela disse que havia escrito. Questionei, novamente, se era uma escrita, pois a minha intenção era levá-la a usar letras para escrever. Vejamos o diálogo:

P — Vamos escrever o título da história: o telefone.

C — Eu num sei escrever telefone.

P — Escreve do jeito que você sabe.

C (*Desenha um telefone.*)

P — R... você desenhou ou escreveu?

C — Escrevi.

P — Isso é uma escrita?

C — Não... é um desenho.

P — Mas eu pedi para você escrever... como você vai fazer para escrever telefone?

C (*Não há resposta.*)

P — Quando a gente escreve... a gente escreve usando o quê?

C — Lápis.

P — Então... escreve usando o lápis e escreve telefone.

C — Aqui. (*Aponta o desenho.*)

P — Não... aí... você não escreveu... você desenhou o telefone. (*Como a criança não compreendia a solicitação, decidi pedir que escrevesse a primeira frase do texto.*)

Então... agora... eu quero que você escreva assim... a bruxa e o gato estão no sofá.

C — Desenhar?

P — Não... escrever... não quero que você desenhe... eu quero que você escreva.

C (*Fica brincando com o lápis.*)

P — Eu não disse que você pode escrever do seu jeito?

C (*Escreve ACRU.*)

Assim, a criança escreveu porque insisti que deveria escrever e não desenhar. Como pode ser visto no seu registro, ela variou as letras ao escrever cada sentença do texto e as separou com espaços em branco, indicando o término de uma sentença e o início da outra. Ao final, perguntei se a escrita poderia ajudá-la a lembrar o que escreveu. R respondeu que poderia, mas hesitou antes de começar a lembrar o texto. Brincou com o lápis e, após ser novamente incentivada, rememorou o texto sem se apoiar na escrita ou no desenho. É interessante notar que a situação sugere que a criança considera que o desenho pode ser usado com função de escrita. Além disso, pode-se inferir que, diante da tarefa de escrever e de se relacionar com o escrito para lembrar o texto anotado, ela buscou produzir desenhos, porque esses lhe permitiriam recordar com mais facilidade os significados anotados. Essa conclusão pode ser corroborada pela observação dos registros produzidos pela criança. Ela dominava um número razoável de letras, as traçava com segurança, mas, mesmo assim, insistiu em fazer uso do desenho, porque esse tipo de escrita facilitava a lembrança do texto.

Em seguida, será analisado ainda o trabalho de produção de texto desenvolvido por W.

A criança escreveu que possuía quatro animais de estimação. Explicou por que brincava com o cachorro dentro de casa. Quando solicitei que escrevesse animal de estimação, ficou sem saber como começar. Então, insisti que escrevesse o título *Animal de estimação* e ele desenhou um dos seus animais: o cachorro. Ao concluir o desenho, perguntei se havia desenhado ou escrito. W respondeu que havia desenhado. Disse a ele que queria que escrevesse. Isso foi suficiente para que começasse a escrever com letras.

Animal de estimação
Eu tenho um coelho, um macaco e um cachorro. Eu brinco dentro de casa, porque tenho medo do carro atropelar meu cachorro.
Eu tenho um pato. Ele fica na água. Nasceu um pato.
(Texto de W, setembro de 2002)

Porém, diferentemente de R, não colocou espaços em branco para separar os enunciados que compõem o texto, por isso é interessante observar quais segmentos correspondem às sentenças:

Animal de estimação → ALIMAO
Eu tenho um coelho, → EULULU
um macaco → MA
e um cachorro. → CALO
Eu brinco dentro de casa, → ELM
porque tenho medo do carro atropelar meu cachorro. → TLU

Eu tenho um pato. → BA
Ele fica na água. → ELIP
Nasceu um pato. → PATO

Ele registrou as palavras (*alimao* e *pato*) e as sílabas (*ca* e *ma*) das palavras que deveriam ser escritas. Contudo, começou a atividade desenhando o cachorro, o seu animal de estimação. É interessante observar que começou a registrar palavras e sílabas que dominava e também as identificou nas frases e palavras. Dessa forma, há pelo menos três aspectos importantes a serem examinados na escrita da criança: o uso de desenho, a capacidade de isolar unidades da sentença e o registro de grafias convencionais para essas unidades.

Quanto ao uso do desenho, como pode ser visto, não foram atributos quantificáveis presentes no título que possibilitaram a sua emergência. É possível supor, de acordo com a resposta da criança à pergunta se havia desenhado ou escrito, que sabia distinguir desenho e escrita. Se for assim, o que a levou a desenhar e não a escrever como resposta à solicitação de que deveria escrever "animal de estimação"?. Primeiramente, como ocorreu no trabalho de registro realizado por R, a necessidade de criar formas gráficas que possibilitassem o uso da escrita para lembrar o texto. Certamente, a criança sabia que a sua escrita composta com letras não poderia ser lida. Por outro lado, é importante questionar ainda o que o levou a desenhar o cachorro, se o título era animal de estimação. Essa expressão generaliza, ou seja, abrange todos os animais a que qualquer pessoa tem especial apreço e, ao mesmo tempo, se refere a um animal em particular: aquele que a criança ou qualquer outra possa estimar. Esse conceito também era novo para a criança e foi aprendido e empregado em uma situação particular: a morte do papagaio (animal de estimação) de uma colega. Desse modo, o conceito animal de estimação remeteu a criança a um significado particular e, por isso, ela desenhou o cachorro — seu animal de estimação.

Porém, como pode ser observado, R escreveu a palavra animal de forma muito próxima à escrita convencional ou de uma escrita foneticamente plausível, tendo em vista que, na pronúncia dessa palavra, a criança produzia o som [l] em vez do som [n] e não escreveu a palavra estimação. Talvez ele não tenha escrito essa palavra, porque considerou que já havia desenhado o seu animal que completaria a escrita de animal. Se for considerada a proximidade da palavra escrita do desenho, essa hipótese é fortalecida e pode explicar o que ocorreu na escrita do título do texto.

Por outro lado, é visível a capacidade de isolar unidades das sentenças e registrar grafias convencionais para essas unidades. Percebe-se que a criança registrou unidades das palavras que compunham as sentenças que sabia escrever convencionalmente e deixou de registrar outras que não conhecia. O registro de unidades convencionais ocorreu em várias situações: na primeira sentença, a palavra "eu" foi grafada corretamente (EU); a última sílaba da palavra "coelho" foi escrita com o segmento LU; as primeiras sílabas das palavras "macaco" e "cachorro" foram escritas, respectivamente, com as letras MA e CA; a palavra "ele" foi escrita com ELI e, finalmente, da sentença "nasceu um pato" foi registrada a palavra PATO. Assim, o modo como elaborou a sua escrita mostra que efetuou uma análise das unidades fonológicas que compõem as palavras que deviam ser escritas e, em algumas situações, registrou correspondentes gráficos convencionais para essas unidades (palavras, sílabas e fonemas). Logo, escreveu o que sabe, ou seja, efetuou a análise dos enunciados orais e escreveu letras que conhecia para essas unidades.

Ao final, perguntei se a escrita poderia ajudá-lo a lembrar o texto. Ele disse que poderia, observou a escrita e disse: "Cachorro... eu tenho medo do carro atropelar... e tem um pato". O cachorro havia sido desenhado e a palavra pato foi escrita corretamente, por isso ele indicou com o dedo o desenho e a palavra pato ao efetuar a leitura. Na verdade, a escrita da criança é simbólica, pois buscou representar com ela unidades das sentenças e, ao mesmo tempo, alguns elementos exibem um caráter instrumental, pois remeteram a significados que motivaram o registro.

A primeira resposta de TH à atividade de escrita também foi o desenho. O texto produzido por ela é o que se segue.

É importante observar que a criança não escreveu um texto sobre o animal de estimação. Ela inventou uma história sobre uma tartaruga que

Animal de estimação
Era uma vez uma tartaruga que ficava andando.
Ela não tinha mãe nem pai.
Ela foi andando, andando pela floresta até que encontrou uma casinha no bosque.
Quando ela bateu, ninguém abriu.
Ela resolveu entrar.
O pai e a mãe dela estavam lá.
(Texto de TH, agosto de 2002)

vivia andando pela floresta e que não tinha pai nem mãe. Até que encontrou uma casa, bateu à porta, não foi atendida, resolveu entrar e seus pais estavam lá. No texto, a criança assume o lugar de narradora e conta a história.

Ao ser incentivada a escrever o título, desenhou uma tartaruga. Portanto, não registrou as palavras ditadas, mas representou, por meio de desenho, a personagem da história, assim como W desenhou o seu animal de estimação. Nesse sentido, pode ser dito que as crianças não representavam as cadeias sonoras que compunham as palavras, mas o significado que essas tinham para elas. Ao ser questionada se desenhou ou escreveu, disse que havia desenhado. Então, eu lhe disse que deveria escrever. Perguntou-me, em seguida, se seria "do seu jeito" e eu respondi que poderia ser. No começo da escrita, pronunciava em voz alta as letras. Veja o fragmento do diálogo:

C (*Escreve a letra A.*) — LI, L e o I. É o L e o I? (*Registra as letras LI.*). L e o I... eu já fiz o L e o I.

P — Animal.

C — É o L e o O, AO. Como é quê? É o L e o AO? (...) É assim? (*Escreve na mesa.*)

P (*Concorda.*) — Apaga o que você escreveu na mesa.

C (*Escreve a sílaba LÁ e, em seguida, observa as crianças brincando.*)

P — De estimação.

C (*Escreve as letras LIEL.*)

P — Era uma vez uma tartaruga que ficava andando.

C — É o I e o E. (*Registra as letras IE.*)

Após pronunciar em voz alta as letras que iria escrever, continuou o registro silenciosamente. É importante notar que a criança não pronunciou as frases ou unidades que compunham essas frases que estavam sendo anotadas. Como pode ser visto, no fragmento de diálogo apresentado, ela compôs a palavra animal com as letras ALILÁ. Além disso, assim como W, em algumas situações, buscava escrever duas letras para as sílabas. A preocupação em registrar duas letras tem relação com uma das estratégias usadas pela professora dessas crianças para desestabilizar a denominada hipótese silábica. Essa estratégia consistia em solicitar às crianças que lessem, por exemplo, apontando a escrita com dois dedos. Dessa forma, aquelas que usavam uma letra para cada sílaba poderiam observar, ao ler as palavras, que faltavam letras; isto é, que haviam registrado um número insuficiente de letras para a sílaba. A estratégia aprendida gerou situações estranhas no momento em que as crianças tentavam ler o texto e fez, na situação em análise, com que a escrita perdesse a relação com os significados e com os significantes. Quando perguntei se a escrita poderia ajudá-la a lembrar o texto, disse que não. Questionei por que considerava que a escrita não poderia auxiliá-la na recordação. A criança disse, então: "Porque eu não se alembro dela". Dessa forma, não tentou se apoiar nem mesmo no desenho para lembrar o título do texto.

O próximo trabalho de produção de texto a ser analisado foi desenvolvido por JO. Ele escreveu o texto que se segue. É importante lembrar que ele escreveu da esquerda para a direita, mas de baixo para cima:

Minha mãe vai comprar um cachorro. O nome do cachorro do tio é Hulk.
Eu vou chamar meu cachorro de Hulk.
Todo dia eu vejo um cachorro na rua, ou na casa do meu tio brigando.
Minha mãe não comprou um cachorro para mim, porque eu só tenho cinco anos.
(Texto de JO, setembro de 2002)

Ao iniciar o registro do título, respondeu, como nas situações analisadas, à solicitação de escrita desenhando. No entanto, diferentemente das outras crianças, disse que ia desenhar uma casa e, depois, um animal que viu na rua. Para escrever, utilizou nove letras (A, R, L, V, O, P, U, S e M). Em duas situações, escreveu duas letras iguais numa mesma seqüência. Os traçados das letras são irregulares, demonstrando a sua pouca habilidade motora para desenvolver esse tipo de tarefa. Creio que será importante apresentar o diálogo ocorrido durante a produção:

> P — Escreva o título do texto: animal de estimação.
>
> C — Primeiro eu vou fazer a casa. (*Faz um risco na folha.*)
>
> P — Não... primeiro... você vai escrever o título da história: animal de estimação.
>
> C — Também eu já vi um boi ontem. (*Desenha, faz o traço acima do desenho.*) Vou fazer o boi que eu falei, agora... pode?
>
> P — Foi a história sobre o boi que você me contou?
>
> C — Não. (*Continua desenhando.*)
>
> P — Sobre o que você me contou?
>
> C — Tá bom... (*Sorri e continua o desenho.*)
>
> P — Foi sobre o animal de estimação... o título da história é animal de estimação... por isso... você deve escrever animal de estimação.
>
> C (*Continua desenhando.*)
>
> P — O que você está desenhando?
>
> C — Um cachorro.
>
> P — É o seu cachorro? É o Hulk?
>
> C — É. (*Conclui o desenho.*)
>
> P — Então... escreve assim... minha mãe vai comprar um cachorro.
>
> C — MI... começa com I... é esse daqui? (*Aponta a letra J do seu nome.*)
>
> P — Esse é o I?
>
> C — Não. (*Fica por algum tempo pensando.*)
>
> P — Tenta escrever do jeito que você sabe... JO... minha mãe.

JO não tinha a intenção de escrever o texto que havia produzido oralmente. No entanto, ao ser incentivado a escrever a primeira sentença, passou imediatamente a pronunciar unidades silábicas das palavras a serem escritas e tentar buscar letras para serem registradas que correspondiam a essas unidades. JO pronunciou sílabas isoladamente e conseguiu, em algumas situações, identificar um dos fonemas que as compunha e o nome da letra correspondente, mas não sabia ainda como grafar a letra e, por isso, recorria à minha ajuda. Em um certo momento, deixou de fazer perguntas sobre as letras e escreveu da seguinte maneira:

P — O nome do cachorro do meu tio é Hulk.

C — O (O) no (R) me (O) do (D) ca (R) cho (O) do (A) tio (R) vai (U) ser (P) Hulk

Pronunciou cada sílaba e escreveu, ao mesmo tempo, uma letra correspondente a cada uma delas. Somente a última palavra foi pronunciada sem que ele grafasse nenhuma letra para ela. Observei ainda que, ao concluir o registro de sentença, ele a pronunciava apontando as letras, mas sem fazer correspondência entre as sílabas e letras como no momento do registro. Na última linha de registros, ele escreveu as duas primeiras sentenças. No entanto, ao efetuar a leitura da segunda, apontou tudo que havia escrito, inclusive os segmentos de letras usados para escrever a primeira. A partir da terceira sentença, pronunciava as sílabas mais rapidamente e não se preocupou mais em fazer uma correspondência sistemática delas com as letras. Entretanto, o tempo gasto para pronunciar as letras era o mesmo usado para compor os registros. Nesse sentido, havia concomitância entre o tempo usado para pronunciar as sentenças e o tempo gasto para escrevê-las.

O trabalho de registro desenvolvido por JO sugere que, ao pronunciar a sílaba, ele só escreve uma única letra, porque conhece uma das letras correspondentes aos fonemas pronunciados e não por acreditar que para cada sílaba deve-se escrever uma letra. Provavelmente, se conhecesse as letras correspondentes aos demais fonemas, ele os representaria. Quando pronunciou, por exemplo, MI e disse que era a letra I, ele isolou a sílaba na pronúncia e identificou o som [i] e seu correspondente gráfico. Nessa situação específica, não se pode dizer que JO pensa que tem escrever uma letra para cada sílaba, mas que a letra corresponde ao fonema cuja forma gráfica ele conhecia.

Ao final do registro, perguntei se a escrita poderia ajudá-lo a lembrar o texto. JO disse que não, pois a sua escrita estava "errada". Então, perguntei como sabia que estava "errada". Ele respondeu: "Porque eu não sei desenhar direito". Dessa forma, os usos das terminologias desenhar e escrever ainda são problemas a ser solucionados. Entretanto, JO pronunciou as sílabas uma a uma e conseguiu, em algumas situações, identificar letras correspondentes a fonemas pertencentes às sílabas. É importante notar que não usou o desenho como recurso para lembrar. Nesse sentido, apesar de a criança realizar, no plano verbal/oral, uma análise sistemática da sílaba, a sua escrita não é instrumental, pois não possibilitou a lembrança dos significados anotados.

Outro trabalho a ser analisado é o de LU. Observe o seu texto:

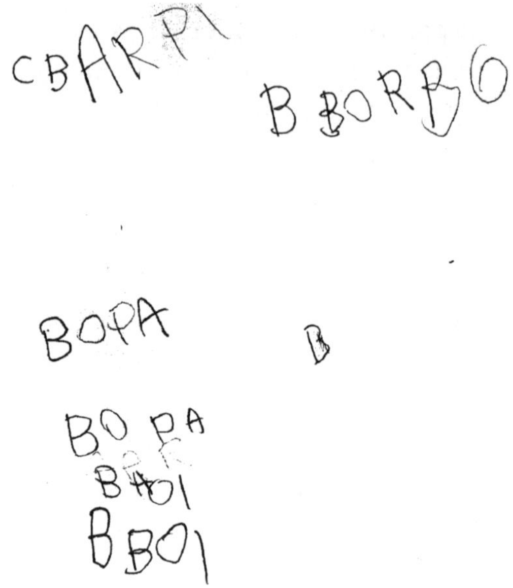

Animal de estimação
Eu tive um gato.
Ele fugiu.
Eu procurei todo dia.
Meu gato era branco, moreno, rosa e preto.
Eu não tive mais animal.
(Texto de LU, agosto de 2002)

O texto de LU é sobre o seu gato fugitivo. Disse tê-lo procurado todos os dias, mas não o encontrou, pois, conforme explicou no final, não teve mais animal. O seu gato tinha muitas cores (branco, moreno, rosa e preto) e, certamente, ele não tinha uma única cor. Como se pode observar, LU usou quatro letras para compor as sentenças do texto. Repetiu letras numa mesma seqüência e escreveu enunciados diferentes com as mesmas seqüências de letras, demonstrando que sua escrita ainda não é organizada a partir de princípios de variedade e quantidade de letras, discutidos por Ferreiro e Teberosky (1989). A primeira resposta à proposta de escrita não foi o registro dos segmentos de letras, mas o desenho que se encontra no canto esquerdo da página, conforme texto apresentado.

P — Escreva o título animal de estimação.

C (*Começa a desenhar e o faz no final da página*.)

P — O que você está escrevendo?

C — Animal.

P — Animal?

C — Meu animal era um gato.

P — Seu animal era um gato?

C — Não... minha... minha... ele tinha um olho... uma mão... tá tudo de cabeça para baixo.

A criança falava enquanto desenhava o gato. Primeiro definiu o que seria desenhado ("Meu animal era um gato") e, depois, continuou o trabalho e evidenciou, por meio da linguagem, as partes que estavam sendo desenhadas (ele tinha um olho... uma mão). Ao concluir, avaliou o seu desenho e disse ainda que estava de cabeça para baixo. Então, perguntei se havia desenhado ou escrito:

P — Você escreveu ou desenhou?

C — Desenhei e escrevi.

P — Onde você desenhou?

C — Eu desenhei só um gato de estimação.

P — Onde você escreveu?

C (*Faz um gesto negativo com os ombros indicando não saber.*)

A criança disse que desenhou e escreveu, mas, ao ser incentivada a mostrar onde desenhou, disse que desenhou "só um gato de estimação" e demonstrou não saber onde havia escrito. É necessário discutir o que ocorreu, na elaboração do desenho, pois a conduta da criança corrobora o que foi dito por Vigotski (2000): o desenho é um relato gráfico de onde se desenvolve a escrita. Desse modo, é uma forma particular, gráfica de linguagem. O desenho de LU foi formado por um círculo onde foi desenhado o olho e de onde saem "as mãos". Nesse sentido, foram desenhados elementos essenciais do gato que havia fugido. Enquanto desenhava, ela contou como era o gato (tinha um olho... uma mão). De acordo com Vigotski (2000), o fato de a criança desenhar elementos essenciais dos objetos implica um certo grau de generalização, pois ela desenha do mesmo modo que produz conceitos verbais.

É necessário destacar ainda a linguagem que se desenvolveu no momento da elaboração do desenho. Por meio dela, a criança definiu o que seria feito e os elementos que distinguiam o gato. Pode-se dizer que tinha a função de planejamento do trabalho de elaboração. Vigotski diz que o desenho sem um planejamento prévio não tem ainda um caráter simbólico, pois a criança acredita que o desenho é uma *coisa* e não a sua representação. O desenho assume, segundo esse autor, uma função simbólica quando a criança define previamente o que será desenhado. Essa idéia parece ter sido confirmada no caso de LU, pois ela disse, no início, o que iria desenhar ("meu animal era um gato"). Outro dado importante é que, ao ser incentivada a ler o que escreveu, observou o desenho que havia feito e lembrou parte significativa do texto escrito. Assim, o desenho se tornou um recurso que remeteu ao conteúdo do texto e, nessa situação específica, tem a função de escrita. Contudo, como pode ser notado, é difícil estabelecer fronteiras entre desenhar e escrever. Se for levado em conta o início da atividade, certamente a criança estava realizando uma atividade de desenho. Entretanto, quando foi incentivada a ler e ela se apoiou no desenho para lembrar o texto, pode ser dito que ele assumiu a função de escrita. Apesar de a criança ter desenhado o seu animal de estimação, insisti para que escrevesse o título do texto:

P — Então... escreve agora animal de estimação.

C — Fazer as letras.

P — É com letras.

C (*Registra CBARPI.*)

P — Eu tive um gato.

C — Deixa eu ver aí (...) (*Registra BBORBO.*)

P — Ele fugiu.

C — Fugiu mesmo. (*Registra as letras BOPA.*)

P — Eu procurei todo dia.

C (*Registra as letras BOPA.*)

P — Meu gato era branco, moreno, rosa e preto.

C — (*Registra as letras APR.*) — Era branco? (*Pega a borracha e a observa.*) Isso é uma borracha?

P — Isso é uma borracha.

C (*Apaga e observa a ponta da borracha.*) — Essa borracha é dura... A minha não são dura.

P — O meu gato era branco, moreno, rosa e preto... não era isso que você estava escrevendo?

C (*Registra as letras BAOI.*)

P — Eu não tive mais animal.

C (*Registra as letras BBOI.*)

Da mesma forma que JO, o uso das terminologias desenhar e escrever é um problema a ser solucionado. Por isso, precisou receber confirmação de que as letras são utilizadas para esse fim para iniciar o registro das sentenças e não usou mais o desenho. Durante a escrita das sentenças, não evidenciou em nenhum momento, por meio da linguagem, se efetuou algum tipo de análise das unidades da linguagem oral. De certa forma, a tarefa de escrever parecia estar desvinculada do conteúdo do texto. Escrever consistia em "fazer" letras ou reproduzir letras conhecidas sem que essas tivessem relação com os significados. Observe que uma das sentenças foi composta com o atributo cores. Entretanto, a criança não tentou descrever as cores, ou seja, a presença desse atributo não influenciou a sua escrita no sentido de buscar diferenciá-la. Como dito, ao final, perguntei se a escrita poderia auxiliá-la a lembrar o texto. Ela respondeu que sim e disse o texto que se segue observando o desenho: "O gato fugiu todo o dia. Eu procurei pra caramba! E aí eu tava brincando com ele. Era branco, rosa e moreno e preto".

O último trabalho de produção de texto que será analisado foi desenvolvido por GA.

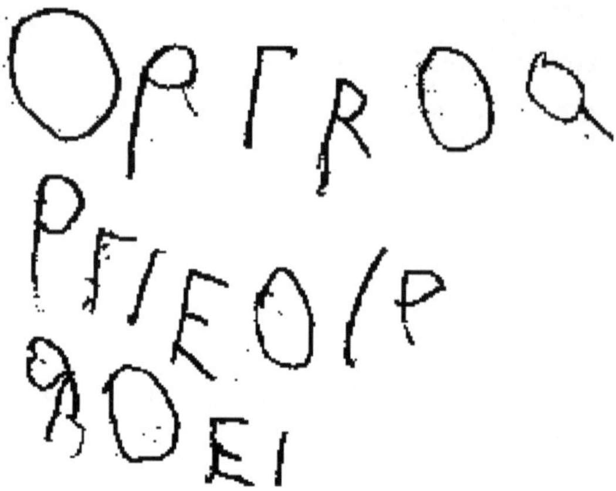

O pirulito
O gato e a bruxa estavam balançando.
(Texto de GA, setembro de 2002)

A criança utilizou as letras O, P, R, E, I e a letra L de cabeça para baixo para compor o texto. É possível inferir que a letra L foi escrita dessa maneira, porque essa letra compõe a escrita do seu nome e ele a registra assim. Ao final do primeiro segmento de letras, desenhou o pirulito. Esse procedimento foi adotado porque ele compreendeu o objetivo da escrita — ajudá-lo a lembrar o texto — e sabia que a sua escrita não poderia auxiliá-lo. Veja como se deu o diálogo com a criança:

P — Agora... você vai escrever o texto.

C — Eu te... mas eu num sei fazer.

P — Você sabe escrever do seu jeito.

C — Não.

P — Mas vamos tentar assim mesmo? Eu acho que você consegue.

C — Então... deixa eu olhar no livro.

P — Você não pode escrever olhando no livro... você tem que escrever sem olhar no livro... eu vou dizendo para você o que você tem que escrever... vamos tentar? O título da história é o pirulito.

C — Cê fala as letras para mim?

P — Não... eu não vou dizer as letras pra você... eu quero que você pense quais são as letras que servem pra escrever pirulito.

C — Pode fazer de qualquer jeito mesmo?

P — De qualquer jeito... não... do jeito que você sabe... você sabe escrever do seu jeito... do jeito que você sabe não é de qualquer jeito... vamos lá... então?

C — Debaixo do nome?

P — Embaixo de nome.

C — O pirulito eu num sei fazer... mas eu faço (*Começa a escrever, registra O P Γ R O e faz um traçado com a forma de um pirulito.*)

P — O gato e a bruxa estavam balançando.

C — (*Registra as letras P Γ I E O.*)

É interessante observar como a criança, inicialmente, argumentou que não sabia escrever, em seguida, pediu que dissesse as letras para ela e perguntou se podia escrever de "qualquer jeito". Respondi que teria que escrever com atenção, pois iria lembrar o texto com o auxílio da escrita. Depois, disse que não sabia fazer o pirulito, mas que faria. Então, escreveu uma seqüência de letras e, ao final, fez o desenho do pirulito. Em seguida, continuou a escrever as sentenças do texto silenciosamente. Ao final do registro, ocorreu o seguinte diálogo:

P — Eu falei para você escrever com bastante atenção... porque você ia lembrar o que você escreveu... Essa escrita ajuda você a lembrar o que você escreveu?

C — (*Confirma acenando positivamente com a cabeça.*)

P — Então... leia o que você escreveu.

C — É pirulito... é... como é que é o nome desse aqui mesmo?

P — Você não disse que a escrita ajuda você a lembrar?

C — (*Confirma e observa a escrita.*)

P — A escrita está te ajudando a lembrar?

C — (*Confirma, continua pensativo e a observar a escrita.*)

P — Então... continue lendo.

C — Eu não tô conseguindo ler?

P — Por que não está conseguindo?

C — Porque eu não sei.

P — Não sabe o quê?

C — Eu só sei ler pirulito.

P — Por que você só sabe ler pirulito?

C — Porque eu esqueci o nome desse. (*Aponta a segunda linha.*)

P — Aqui. (*Mostra o desenho na primeira linha.*) Isso que você escreveu aqui, o que é isso?

C — Pirulito.

P — Você desenhou ou escreveu o pirulito.

C — Escrevi aqui (*Mostra as letras.*)

Assim, a criança lembrou apenas o título do texto, porque havia desenhado o pirulito ao final da primeira seqüência de letras. O restante da escrita não é instrumental, mas a primeira seqüência é, porque remeteu, com o apoio do desenho, ao significado que motivou o seu registro. Dessa forma, a criança utilizou uma estratégia interessante para lembrar, sendo essa a finalidade da escrita.

Como pode ser notado nas análises dos trabalhos de registro de textos, há uma intensa atividade mental, cognitiva e discursiva que revela os modos como as crianças elaboram a escrita. Elas experimentam, avaliam hipóteses, variam as hipóteses, fazem recortes das sentenças dos textos para escrever letras, sílabas e palavras que conhecem. Assim, elas escrevem de diferentes modos em um mesmo texto. Os dados sugerem ainda que o surgimento do desenho com função de escrita foi ocasionado pela necessidade de escrever com o objetivo de lembrar o conteúdo do texto com o auxílio da escrita.

No trabalho de escrita dos textos... lembrar os nomes e as formas das letras...

Nas situações de produção de textos, a maioria das crianças diferenciava a escrita ao escrever. É importante então apontar que, apesar de a diferenciação ser um princípio predominante, algumas delas repetiram uma mesma letra numa seqüência. Ainda chamou a atenção, no momento em que eram incentivadas a usar a escrita como recurso mnemônico, o número significativo de crianças que disseram que ela poderia auxiliá-las a lembrar os significados anotados. Entretanto, rememoraram sentenças sem se relacionarem com escrita com essa finalidade ou mudavam de idéia, após tentarem lembrar com o seu apoio e de não encontrarem elementos que as ajudassem.

Antes de iniciar a análise dos dados coletados, é necessário discutir, a partir dos resultados de outras pesquisas, a questão da diferenciação da escrita. Destacarei em primeiro lugar os resultados da pesquisa de Ferreiro e Teberosky (1989) e de Contini Júnior (1988) para, em seguida, apontar questões relacionadas no trabalho de Luria (1988) e Azenha (1995). Segundo Ferreiro (1990a, p. 29), no primeiro nível de evolução da escrita, a criança considera que os textos podem ser interpretáveis devido a condições contextuais; isto é, "[...] porque se reconhece o objeto no qual ele se encontra ou porque ele está próximo a uma figura". O início do segundo período de evolução é marcado pelo estabelecimento de condições formais para que um escrito possa ser considerado legível. Dessa forma, em situações em que as crianças foram incentivadas, a partir da observação de cartões que continham seqüências de uma mesma letra e palavras com números diferenciados de letras, a autora diz que elas definem como critérios de legibilidade das escritas a quantidade mínima de letras e a variação intrafigural. Tendo sido elaboradas essas condições, alguns textos, segundo a autora,

> [...] são imediatamente interpretáveis (como antes), outros potencialmente interpretáveis (porque apresentam as condições formais requeridas) mesmo se não é possível atribuir-lhes imediatamente uma interpretação; outros ainda não são interpretáveis, mesmo se o contexto é fornecido (quando a quantidade

está abaixo do mínimo ou quando os critérios de variação intrafigural não são atendidos). (Ferreiro, 1990a, p. 29)

O termo "intrafigural", segundo a autora, é uma das denominações que Piaget e Garcia (1983) usaram para "[...] distinguir os grandes períodos de organização do pensamento científico e da psicogênese" (ibid., p. 29). Ainda conforme Ferreiro (1990a), a quantidade de letras e a variação intrafigural são critérios absolutos, ou seja, "[...] não permitem comparar as escritas entre si mas estabelecer quais delas podem ou poderão ser interpretáveis". Dessa forma, é o contexto que irá definir a denominação, podendo, por exemplo, dois textos iguais receber interpretações diferentes se estão em contextos diferentes. Um avanço importante ocorre quando as crianças definem um novo critério relacionado com as distinções que deve ter um escrito para dizer coisas diferentes — critérios interfigurais. A autora evidencia, nesse sentido, um percurso genético que indica como a criança cria diferenças nos textos para representar palavras diferentes. "Começa então uma laboriosa busca de modos de diferenciação entre as representações escritas, oscilando alternativamente sobre os eixos quantitativo e qualitativo e buscando progressivamente uma coordenação de ambos" (ibid., p. 30-31).

Ferreiro (1990a) diz que as primeiras tentativas de diferenciação, particularmente quando a criança domina um número reduzido de letras, evidenciam uma solução interessante: a criança muda a posição das letras na ordem linear, obtendo, desse modo, totalidades diferentes para cada palavra a ser escrita. Ainda com o objetivo de encontrar critérios de diferenciação, a autora verificou que as crianças procuram variar a quantidade de grafias para escrever palavras diferentes e, dessa forma, permanecem sempre observando o mínimo de letras estabelecido para que uma escrita possa ser interpretável. Outra tentativa de diferenciação consiste em "[...] em fazer correspondência entre as variações quantitativas nas representações e as variações quantitativas no objeto referido" (ibid., p. 32-33). Assim, as crianças pensam que nomes de objetos maiores, mas espessos, mais pesados, mais numerosos devem ser escritos com mais letras e os nomes de objetos pequenos, menos pesados, menos espessos etc. devem ser escritos com um número menor de letras. Segundo a autora, esses procedimentos foram explicados como tentativas de "[...] colocar em correspondência os aspectos quantitativos da representação (o número de letras) e os aspectos quantificáveis do objeto referido, indicações de uma dificuldade de diferenciar a escrita do desenho" (ibid., p. 33). Entretanto, diz estar convencida de que não é isso que ocorre, pois, na realidade, essa "[...] é uma busca formal que dirige as explorações das crianças e não uma dificuldade de se desligar do desenho" (ibid., p. 33)

De acordo com a autora, existem dados fundamentais que corroboram essa explicação:

> Primeiro, essas respostas estão longe de ser respostas primitivas: elas aparecem em crianças que já começaram a elaborar a exigência de quantidade mínima e que, além disso, tentam manter sob controle a quantidade máxima. Para elas, a diferenciação entre o que é desenho e o que é escrita já é algo adquirido. Em segundo lugar, e isso é muito importante, é preciso salientar que a busca de uma correspondência entre os aspectos da representação e os aspectos dos objetos referidos leva em conta *exclusivamente* os aspectos quantificáveis do referido objeto e os aspectos quantitativos da representação. (Ibid., p. 33, grifo da autora)

Desse modo, na opinião da autora, as crianças criam esses procedimentos para se manterem coerentes com os aspectos formais que pensam que uma escrita deve possuir para ser interpretável. Além disso, tentam expressar, na escrita, aspectos quantificáveis dos objetos referidos e não aspectos figurais. Com relação a esse segundo aspecto, Ferreiro (1990a) diz que a criança não tenta, por exemplo, escrever o nome de objetos circulares com grafias redondas. Um outro ponto mencionado se refere a que esse aspecto pode ser explorado nas crianças quando elas são incentivadas a escrever duas ou três palavras, pois um número maior de palavras exigiria um nível de elaboração comparativa que está além das capacidades intelectuais das crianças.

Assim, a autora argumenta que, no segundo período de evolução da escrita na criança, são observados modos de diferenciação denominados interfigurais, porque eles levam à representação de objetos distintos com seqüências de letras diferentes umas das outras. No período de fonetização, particularmente quando a criança elabora a hipótese silábica, ela ainda trabalha com critérios qualitativos e quantitativos de diferenciação. No próximo tópico, essa questão será abordada, de acordo com o ponto de vista dessa autora. Por enquanto, é suficiente mencionar os aspectos destacados.

Em seu estudo, Contini Júnior (1988) identificou escritas que denominou de diferenciadas. Esse tipo de escrita ocorreu no momento em que a criança fazia uso de grafias convencionais e tinha um controle sobre sua quantidade. O autor encontrou, em seus dados de pesquisa, os seguintes tipos de escrita diferenciada:

> (1) quantidade constante com repertório fixo parcial: sempre aparece um mesmo número de grafias, mas estas são parcialmente diferentes, o que serve para diferenciar palavras [...]
>
> (2) quantidade variável com repertório fixo parcial: a quantidade de grafias não é sempre a mesma e, algumas vezes, aparecem numa mesma ordem e lugar, juntamente com outras grafias [...]
>
> (3) quantidade variável com repertório variável: neste caso variam de uma só vez a quantidade e o repertório [...]. (Ibid., p. 68-70)

Com base nesses resultados, o autor assinala que, comparando com os resultados de Ferreiro, não foram verificadas escritas em que as crianças mantêm um repertório fixo de letras para escrever variando apenas a quantidade e nem escritas em que as quantidades são mantidas constantes, havendo alteração no repertório de letras usadas para escrever. Observou, no entanto, escritas intermediárias. Em alguns casos, essas escritas evidenciaram que as crianças estavam desenvolvendo estratégias próximas de representação, se forem considerados os níveis evolutivos propostos pelo autor. Contudo, Ferreiro observou sujeitos que usavam estratégias distantes de representação — da "escrita pictográfica à escrita diferenciada". Dessa forma, optou nas análises a adotar a classificação "escrita pictográfica" e "escrita ideográfica", distinta de Ferreiro, e seguiu as categorias propostas por essa autora em relação à diferenciação. Assim, Contini Júnior (1988) parece concordar com os tipos ou categorias de diferenciações pensadas por Ferreiro (1990a).

Luria (1988) também discutiu em seu trabalho essa questão e evidenciou, como dito, que as tentativas de diferenciação das escritas pelas crianças resultaram da introdução nos conteúdos das sentenças a serem escritas de fatores, como quantidade, forma, tamanho etc. As diferenciações levaram a que as crianças passassem a fazer uso funcional das grafias, o que não se evidencia nos estudos de Ferreiro (1990a) e Contini Júnior (1988).

As analises desenvolvidas por Azenha (1995) confirmam, por um lado, os resultados da pesquisa de Ferreiro e Teberosky (1989), pois, a autora já observou escritas que apresentavam as condições formais para que fossem interpretáveis (quantidade e variedade de letras). Entretanto, após as crianças terem construído esses critérios, foi verificado, como no trabalho de Luria (1988), que a introdução de certos atributos no conteúdo das frases a serem escritas provocou o surgimento da pictografia.

Nesse sentido, o que distingue os resultados dos estudos de Ferreiro (1990a) e Ferreiro e Teberosky (1989) e os resultados do estudo de Azenha (1995) é o fato de as duas primeiras autoras considerarem que as diferenciações na escrita estão relacionadas com condições formais que o texto deve possuir para que possa ser interpretável e pelo fato de, após o estabelecimento dessas condições, não existir possibilidades de representação de aspectos figurais dos objetos. Nesse sentido, é descartada, no caso dos resultados dos estudos de Ferreiro e colaboradoras, a tornaria viável do surgimento da escrita pictográfica, que possibilita o uso funcional da escrita para lembrar significados anotados.

Os resultados obtidos neste estudo confirmam estudos anteriores (Gontijo, 2001; 2003): as diferenciações na escrita não auxiliaram a recordação do texto que motivou o registro, mas indicaram que a escrita não é mais aleatória, pois a diferenciação se tornou um princípio de organização das letras aprendidas pelas crianças. Nesse sentido, confirmam parcialmente o estudo de Ferreiro e Teberosky (1989), porque esses passam a ser princípios ou critérios de organização da escrita e não critérios de legibilidade, pois as crianças que escrevem dessa forma sabem que a sua escrita não pode ser lida e, mesmo que tentem efetuar a leitura, não conseguem concluí-la. Nesse sentido, a criança se apropriou de características externas da escrita e o modo como elabora essas características é influenciado pelas experiências com a escrita.

Tendo em vista que os resultados deste estudo não diferem de estudos anteriores, passo a examinar mais detalhadamente o momento em que as crianças registravam o texto e o momento em que o rememoravam. Nesse sentido, pareceu muito importante o fato de algumas crianças escreverem o texto e, ao mesmo tempo, elaborarem, no plano verbal, o que pensavam que deviam escrever ou como deviam escrever. Nesse sentido, tomarei para análise atividades em que crianças exteriorizaram, por meio da linguagem oral, o modo como elaboravam a escrita. Entretanto, é importante salientar que algumas crianças escreveram os textos silenciosamente. Dessa forma, a cada sentença ditada escreviam um conjunto de letras correspondentes. Para evidenciar esse fato, será analisado o texto escrito por A:

A gangorra
O amigo da bruxinha foi sentar na gangorra.
A bruxinha não queria sentar.
Então, o gatinho abaixou a gangorra para ela sentar.
Depois, o gatinho saiu e a bruxinha ficou sozinha na gangorra.
E aí ficou triste.
O macaco apareceu e a bruxinha saiu da gangorra e brincou com ele.
A bruxinha jogou espuma no macaco com a estrelinha dela.
(Texto de A, setembro de 2002)

A criança compôs os enunciados do texto com poucas letras. Usou no máximo cinco letras em cada seqüência e, nas duas últimas, escreveu apenas três letras. Começou a maioria dessas seqüências com a letra A, mas variou cada seqüência e não repetiu letras no interior de cada uma delas. O processo de registro ocorreu da seguinte maneira:

P — O título da história então é a gangorra.

C — A. (*Escreve a letra A e continua a escrita sem pronunciar as outras sílabas da palavra.*)

P — O amiguinho da bruxinha foi sentar na gangorra.

C (*Apaga as letras que havia registrado para o título.*)

P — Apagou?

C — Não tá certo.

P — Não estava certo? Então escreve de novo.

C (*Começa novamente.*) — Deixa eu ver. (*Ela deseja copiar o texto.*)

P — Não... nós combinamos que você vai escrever do jeito que você sabe.

C — É... mas eu num sei fazer sem o livro.

P — Tenta fazer sem o livro... você já não tinha escrito? Pensa na palavra e você vai escrevendo a gangorra... você pode escrever do jeito que você sabe.

C (*Sussurra, ao escrever o título.*) (...)

P — O amigo da bruxinha foi sentar na gangorra.

C (*Escreve silenciosamente.*)

No início do registro, escreveu o título do texto, mas, quando deveria escrever a primeira sentença, apagou o que havia escrito, pediu para ver o título no livro e argumentou não saber escrevê-lo sem olhar no livro. Ao ser incentivada a pensar e escrever do jeito que sabia, sussurrou a palavra e escreveu as letras ADUK. Desse momento em diante, escreveu todas as sentenças que compunham o texto silenciosamente, porém assinalava com um "terminei" toda vez que concluía a escrita de uma sentença e esperava que outra fosse ditada para prosseguir. A idéia de que a criança se apropriou de características da escrita ajuda a explicar a ocorrência desse tipo de escrita. Os tipos de escrita incentivados nas salas de aula eram, na maioria das vezes, os de lista. Nesse sentido, as crianças vivenciavam poucas situações em que eram incentivadas a narrar histórias, a contar experiências etc. O tipo de escrita freqüente na sala de aula pode ter influenciado o modo como a criança escreveu. Em outra pesquisa (Gontijo, 2003), como as crianças eram incentivadas a escrever também textos, foram verificadas outras características em suas escritas: colocação de espaços em branco, seqüências de letras compostas com menos de três letras (uma e duas). Na situação em análise, no entanto, a escrita tem característica de um texto do tipo lista devido, como dito, às influências do aprendizado escolar.

Ao concluir o registro, afirmou que a escrita poderia auxiliá-la a lembrar o texto. Então, solicitei que o lesse. A criança recriou o texto sem o apoio da escrita. Enquanto dizia o texto, balançava-se na cadeira sem observar a escrita ou apontá-la. Veja como ocorreu:

> P — Você acha que essa escrita ajuda você a lembrar o que você escreveu?
>
> C (*Confirma acenando afirmativamente com a cabeça.*)
>
> P — Então lê pra mim.
>
> C — O macaco sentou na gangorra e a bruxinha não queria... depois... o macaco abaixou o banco pra ela... ela sentou... ele saiu com a cara feia... apareceu um macaco... ela sentou para brincar com o macaco... depois... sumiu o macaco com a estrelinha dela.

Como pode ser observado, o texto produzido no momento da leitura difere do texto escrito. Isso demonstra que a criança não se relacionou com a escrita para lembrar o texto. Desse modo, ela sabia que usamos letras para escrever, mas também compreendia que a escrita não poderia auxiliá-la a recordar o que foi escrito. Não serão analisados outros trabalhos de produção de textos, pois o modo como as crianças se comportavam no momento da produção e quando eram incentivadas a ler o texto não se diferenciou do que foi descrito anteriormente. Além disso, as características das escritas são muito semelhantes. Serão examinados trabalhos em que as crianças, por meio da linguagem, tornaram evidentes os modos como elaboravam a escrita. Essa análise é importante, pois poderá fornecer elementos para pensar sobre a linguagem presente no momento da escritura. Como poderá ser verificado, o seu surgimento está relacionado com a difícil tarefa de lembrar a forma e o nome das letras que as crianças desejavam escrever. Por isso, levavam um longo tempo para lembrar e mobilizavam, nessa atividade, conhecimentos/discursos que auxiliavam o trabalho de recordação. O primeiro trabalho a ser analisado foi realizado por M.

Ele não esperou que eu ditasse o texto que havia produzido oralmente para escrever. Depois de lhe dizer que deveria escrever o título, ele iniciou o

(Texto de M, agosto de 2002)

registro do texto. Foi possível identificar o conteúdo do texto escrito, porque ele o falava em voz alta durante o registro. A criança começou a escrever no final da folha, ou seja, de baixo para cima, mas da esquerda para a direita. Dessa forma, não dominava todas as normas de organização da página escrita. Observe o que ocorreu no momento do registro:

P — Escreve animal de estimação.

C — Preciosa... Preciosa... eu errei de novo... Preciosa já brigou com a ga — ta brigou com a ga — ta... brigou cu — a ga — ta... brigou com a brigou da Tiana. (*Esse texto se refere a letras colocadas no primeiro segmento ao final da página.*) Eu... eu fui e... errei de novo. (*Apaga ao mesmo tempo que fala o texto.*) Brigou... brigou... eu... eu... eu... fui... eu fui no quin — tal e... (*Escreve até a sexta letra do primeiro segmento, pára de escrever e fala o restante da sentença*) eles pararam de brigar gar brigar... eu fui no quintal... (*lê e passa o dedo sobre o segmento de letras que foi escrito*) brigar... (*escreve novamente*) eu fui no quintal e eles pararam de brigar (*passa o dedo sobre o segundo segmento*).

P — Muito bem... aí você disse assim... a preciosa vai para dentro de casa.

C — A Pre — ci — o — sa vai para dentro de ca... vai vai vai pa — ra de... ca... (*registra a letra A*) vai para dentro de casa... a da dona Tiana vai pa ra ca — sa dela... ele pára de brigar.

P — (...) O que você escreveu?

C — Preciosa briga... briga dentro do meu quintal... aí eu vou no quintal e eles param de brigar... e a minha gata vai pra dentro... e a gata da dona Tiana vai pra casa... aí e a minha vai pra casa. (*Aponta de baixo para cima e da esquerda para direita.*)

P — A escrita ajudou você a lembrar?

C — Ajudou.

P — Como ela ajudou?

C — Porque eu escrevi tudo.

M usou sete letras para escrever o texto. Ele repetiu letras numa mesma seqüência. O traçado das letras é bastante irregular. Entretanto, como pode ser visto na transcrição acima, a criança escrevia o texto e, ao mesmo tempo, o pronunciava vagarosamente. Às vezes, repetiu palavras e sílabas. Quando perguntei o que havia escrito, rememorou o texto apontando os escritos globalmente, ou seja, sem indicar letras individualmente. Assim, mesmo que não tenha compreendido o funcionamento da escrita, não domine as formas da maioria das letras e não tenha criado mecanismos para lembrar o texto, M, tendo alguns conhecimentos sobre as letras, demonstrou saber que a escrita é linguagem. Dessa forma, relatou experiências com a gata Preciosa. No momento em que rememorou o texto, é importante verificar que não houve as repetições de palavras e sílabas notadas quando realizava a escritura do texto. Penso que as repetições visavam garantir uma simultaneidade entre o tempo de produção oral do texto e o tempo de escrita. A entonação e as repetições, no momento da escritura, são próprias de quem dita o que deve ser escrito e, nesse caso, é M quem determina o que deve ser escrito. Ele não pára de pronunciar o texto em nenhum momento, mesmo quando apaga uma letra que considerou "errada".

A análise do processo de escritura dessa criança conduz à idéia de que, ao iniciar o processo de aprendizagem das letras, a escrita é simbólica, pois representa graficamente o texto produzido oralmente e, portanto, a linguagem. Nesse sentido, a criança compreendeu que pode traduzir em signos arbitrários a linguagem, antes mesmo de perceber que as letras representam convencionalmente suas unidades (palavras, sílabas ou fonemas) e de entender que a escrita serve para fins psicológicos (recurso para lembrar o texto anotado). Nesse sentido, parafraseando Smolka (1989), a alfabetização, desde o seu início, é um processo de "constituição de sentido". Muitas vezes, o que impede que essa compreensão se desenvolva são as circunstâncias e o modo como o ensino da leitura e da escrita é desenvolvido na sala de aula.

Uma maneira interessante de buscar compreender o trabalho de produção de textos é por analogia à análise que Vigotski (2000) elaborou sobre o desenvolvimento do desenho, pois a criança escreve da mesma forma que desenha, ou seja, produz oralmente o texto enquanto escreve, e a escrita, portanto, como dito, se torna uma forma gráfica de linguagem, mas diferente do desenho, porque é inteligível apenas para a criança que a produz e no momento em que a produz. Alguns procedimentos adotados no trabalho provavelmente influenciaram o modo como a criança produziu graficamente o texto. Como já referido, era primeiramente incentivada a produzir o texto oralmente. Nesse momento, o seu texto era registrado e depois lido para que ela verificasse se tudo que disse foi escrito. Dessa forma, M já havia organizado o texto, escolhido o que dizer e a pesquisadora tinha atuado como escriba do texto.

Se a análise for centrada no processo de construção de sentidos, é possível perceber, conforme assinala Smolka (1989, p. 84), "[...] indicadores de uma intensa atividade mental, cognitiva, discursiva que revelam uma dialogia". No momento em que é incentivado a escrever, ele passou a atuar, ao mesmo tempo, como escriba, contador e integrante da experiência relatada no texto. Assim, a criança sabia que, por meio da escrita, podem ser narradas suas experiências, mas sem ter ainda consciência de que a escrita é um simbolismo de segunda ordem, ou seja, representa também unidades da linguagem ou do texto que escrevia. Nesse sentido, possibilitar essa descoberta sem que provoque sua desintegração com o processo de produção de sentidos é o que se pretende com a alfabetização de crianças. Entretanto, em muitas situações de aprendizagem, essa desintegração é facilitada pela prioridade dada ao ensino mecânico das relações grafofônicas.

Será analisada ainda uma seqüência de três atividades de escrita desenvolvidas pela menina MI, nos anos de 2002 e 2003. Na primeira, foi proposto que ela escrevesse um texto, a partir de uma seqüência de quadrinhos sem escrita. Naquele momento, o uso da história em quadrinhos se tornou pertinente, pois, desse modo, as crianças teriam sobre o que escrever. Porém, chamou a atenção o fato de algumas crianças não perceberem que sempre havia uma mágica, uma transformação de um personagem, envolvido na história. Isso, entretanto, não ocorreu com MI. Veja, então, o texto escrito pela criança:

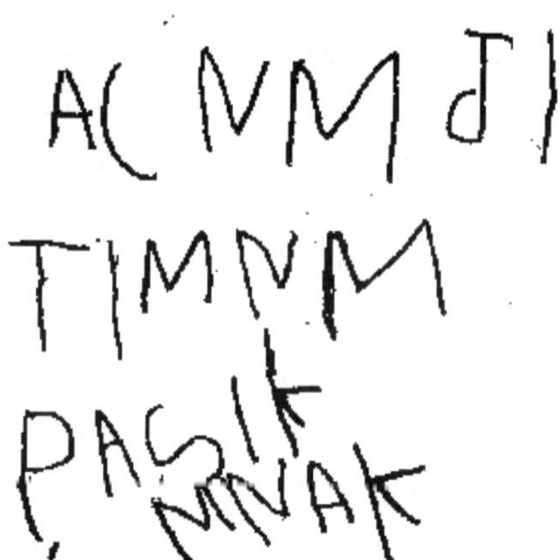

Pirulito
O gato e a bruxa estavam chupando pirulito.
A formiga estava em cima do banco.
Ela pegou o pirulito da bruxa.
A bruxa pegou a sua varinha de estrela e fez uma mágica para sumir com a formiga.
A formiga virou um elefante e o pirulito cresceu grande.
(Texto de MI, setembro de 2002)

Dessa forma, pode ser verificado no texto que a criança percebeu a transformação da formiga em elefante e a intenção da bruxa em realizá-la. Isso está sendo dito porque, como salientado, algumas crianças não conseguiam identificar a mágica presente nas histórias de Eva de Furnari. Se forem tomadas as idéias de Ferreiro e Teberosky (1989) para a análise do texto, pode ser dito que a criança diferenciou as seqüências de letras ao compor cada sentença. As diferenciações são de caráter qualitativo e quantitativo, pois não foram repetidas letras em uma mesma seqüência e foi utilizado um número mínimo e máximo de letras para escrevê-las. Segundo essas autoras, esses critérios formais definem a interpretabilidade de um escrito. Porém, o modo como a criança realizou o trabalho de produção das sentenças do texto proporciona reflexões sobre outros aspectos. Além disso, as explicações construídas por Ferreiro e Teberosky (1989) para a construção desses princípios ou critérios podem ser discutidas levando em conta as experiências das crianças com a escrita e como elas elaboram essas experiências.

A atividade realizada por MI durou em torno de quarenta minutos, porque estava muito preocupada em saber com quantas letras escrever, em diferenciar as letras em cada seqüência e, sobretudo, em lembrar as formas e os nomes das letras. Na verdade, ela escreveu o texto com dez letras e, mesmo sabendo o nome de algumas, não conseguia lembrar as suas formas. Será mantida a transcrição completa do trabalho de produção do texto, porque ela é reveladora dos problemas enfrentados pela criança ao escrever as sentenças:

P — O título é o pirulito.

C — É pra fazer pirulito?

P — É para escrever o pirulito... o título o pirulito.

C — O pirulito começa com E e com U... o pirulito começa com umas letrinha... quatro letrinhas... se você adivinhar pode acertar as letrinhas. (*A partir da segunda frase, canta.*)

P — Então... pirulito tem quatro letrinhas... escreve as quatro letrinhas da palavra pirulito (...).

C — Como que é as letrinhas dele?

P — Pensa quais são as letrinhas e escreve do jeito que você sabe.

C — A letra do pirulito começa com a... mas diferente dele.

P — Então escreve.

C (*Escreve a letra A.*) — Tem mais uma letrinha que começa com pirulito (...) começa com E... o pirulito começa com mais uma letra... e... começa com a letra... começa... pirulito começa com A... como é que faz pirulito... então a gente pode escrever... na minha casa tem um montão de coisa pra escrever... na minha casa vende qualquer coisa... tem aquele quadrado... tem aquele negócio que bota assim... que escreve nos quadrado... é...

P — MI, você precisa escrever pirulito. Você já colocou uma letra. Você falou que pirulito tem quatro letras... quais as letras que estão faltando para escrever pirulito?

C — Se eu pôr três letras... vai dar três letras...

P — Então escreve.

C — Eu não sei também... eu num sei se num sei... o C eu não sei... eu sei... o C é mais diferente... começa com A.

P — Então põe o C.

C — Qual é o C? Como é o C?

P — Pensa e lembra como é o C (...). Olha o C no seu nome.

C — Então é assim... é o C... começa com mais uma letrinha.

P — Então... escreve.

C — O L é mais diferente... (*Escreve a letra N.*)

P — Tem mais alguma letra na palavra pirulito?

C — Hum... hum... tem que começa com M... M é mais diferente dos três...

P — Então coloca.

C — (*Escreve a letra M.*)

Diante da proposta de escrita do título do texto, a criança perguntou se era para "fazer o pirulito". A sua intenção era desenhar o pirulito, mas não estava certa se era isso que deveria fazer. Por isso, fez a pergunta. Diante da resposta que deveria escrever, não teve dúvidas, disse que a palavra pirulito devia ser composta com quatro letras. O problema era, então, descobrir como se escrevia cada letra. Ela lembrou os nomes das letras A, C, L e M. No entanto, só sabia escrever as letras M e A. É interessante verificar ainda como a criança verbalizou oralmente o que pensava e os esforços mobilizados para lembrar as letras. Lembrar as formas das letras se tornou a atividade cognitiva fundamental. Com essa finalidade, mobilizou experiências: "O pirulito começa com umas letrinha... quatro letrinhas... se você adivinhar pode acertar as letrinhas". Ela conversou consigo mesma, provavelmente, como se outras pessoas conversassem. Assim, pôde ser observada uma intensa atividade discursiva e cognitiva direcionada para a tarefa de lembrar as formas das letras. A linguagem não se apresentou completa e clara para quem participava do processo de interlocução, mas certamente se fazia compreensível para a criança, pois é constituída a partir das suas experiências. É visível, portanto, a atividade mental que se revela na dialogia, no discurso, na conversa que realiza consigo mesma. Disse que deveria escrever quatro letras e, dessa forma, o problema mais importante a ser solucionado não se referia à quantidade. Ele estava relacionado com a lembrança das formas das letras e a diferenciação umas das outras em uma seqüência. É importante verificar o que ocorreu na escrita das sentenças:

P — O gato e a bruxa estavam chupando pirulito.

C (*Olha para os lados.*) — Começa com mais uma letrinha... né... mas a letrinha dele começa com... mas diferente da J...

P — Escreveu o gato e a bruxa estavam chupando pirulito?

C — (*Confirma com um aceno de cabeça.*)

P — Escreveu tudo isso?

C — (*Confirma novamente.*) Eu sei qual que é todas as letrinhas... eu sei o nome... começa com A I J.

P — Você escreveu o que eu pedi para você... o gato e a bruxa estavam chupando pirulito.

C — Não... começa com...

P — Você não escreveu ou escreveu?

C — Começa com E... qual que é o I... aqui? O I é assim mesmo? Qual que é?

P — Qual é?

C — Começa com um pauzinho... ou sem um pauzinho?

P — O I é o I de MI. (*Aponto a letra.*)

C — O I é esse pauzinho? (*Escreve.*) Daqui é quatro letrinhas, não é?

P — (*Confirmo.*)

C — Então é quatro que eu falei... eu falei quatro letrinhas... mas falta uma, duas, três, quatro...

P — A formiga estava em cima do banco.

C — É... na beradinha...

P — Isso... então escreve.

C — Vou pensar... começa com a irmã do J...

P — Então escreve a irmã do J.

C — (*Escreve a letra T na outra linha.*)

P — Fez a irmã do J?

C — (*Confirma.*)

P — (...) A formiga estava em cima do banco.

C — Começa com a letrinha de... todas as letrinhas começam com uns bicho né? Começa com I... I...

P — Então escreve.

C — O I não é essa letrinha ou daqui... é essa daqui... qual é o I? ...como é o I mesmo... (*escreve*) mais diferente da bruxa...

P — Ela pegou o pirulito da bruxa.

C — (*Brinca com o lápis.*)

P — Então vamos escrever... ela pegou o pirulito da bruxa. (*A criança repete a frase comigo.*)

C (*Pensa um pouco.*) — M...

P — Então escreve...

C (*Escreve a letra M.*) — Formiga começa com L. (*Registra a letra N.*) O I é daqui mesmo? (...) Essa daqui... começa com mais uma letrinha... começa com menos a letrinha da bruxa... formiga... formiga... começa com quetuja... né? (*Começa a escrever a letra M.*) Quetuja você sabe o que que é?

P — Não... eu não sei... o que é quetuja?

C — Nem eu sei... (*Escreve enquanto responde.*)

P — Nem você?

C — Quetuja parece o nome da A (...).

P — A bruxa pegou a sua varinha de estrela e fez uma mágica para sumir com a formiga.

C — Aí a formiga virou uma mágica (...). Tem que fazer essa letrinha de novo... porque essa letrinha parece uma estrela... parece uma estrela. (*Começa a escrever a letra M.*) (...) Estrela começa com P. (*Escreve as letras P e A na linha seguinte.*)

P — (Repito o que deve ser escrito).

C — Começa com a letra A. (*Escreve a letra.*) Começa com a letrinha S... o S é essa letrinha? (...)

P — O S é outra letrinha (escrevo para ela).

C (*Copia.*) — Começa com mais uma letra... começa com I (*Escreve.*) K I J... já sei qual é... K I J é qual?

P — Então escreve. (*Mostro a letra K no seu nome.*)

C — O I começa menos a do saci... é o C que começa com saci?

P — Não... saci começa com a letra S.

C — S? O S é essa daqui mesmo?

P — Não... o S (aponto) é essa daqui que eu te ensinei ainda há pouco.

C — Parece menos com o saci... (*Escreve a letra S.*) (...)

P — Então... escreveu tudo...

C — O pirulito cresceu grande... mas aqui tem um grande... aí a formiga foi pegar o pirulito... aí virou um elefante (...) quando ela crescer... aí tem letrinha... né? É... não sei C ou A ou I ou J... já sei qual é... é aquela que começa com caju... caju começa com essa letrinha (*aponta*).

P — Então escreve.

C — Não sei se começa com formiga do elefante... num sei se é A ou I ou U... começa com uma letrinha... mais uma letrinha... né... começa com M... M... (*escreve a letra M*) começa mais... mais uma letrinha... com L... L começa com formiga (*escreve a letra N enquanto fala*) e começa com mais uma letrinha... ou A... E... A... agora... (*escreve a letra A e faz uma pausa mais longa*) K é G H começa com K G H.

P — Então escreve.

C — Cadê o K G H? Como é que é?

P — O K G H não. O K... tem o K de MI... aqui... (*Indico o nome da criança.*)

C — O K G H. (*Escreve a letra K.*)

Como já dito, lembrar a forma das letras se tornou central na escrita dos enunciados do texto. Ela sabia que, para escrever, utilizamos as letras, mas não conseguiu lembrá-las de imediato. A lembrança das formas das letras e dos seus nomes é mediada por uma atividade discursiva. Por meio dela, mobilizou conhecimentos, a sua interlocutora e experiências que contribuíam com a atividade de lembrar as letras. Ela rememorou seqüências de letras, inventou nomes para as letras e relacionou letras com palavras de forma que parecia aleatória. No entanto, como mencionado, as relações, o modo como pensava era conhecido da menina e, muitas vezes, não acessível à pesquisadora que acompanhava o desenvolvimento do trabalho. Ao final, questionei se havia escrito tudo, pois escreveu apenas cinco letras, especialmente para o último enunciado, que era longo:

P — Pronto? Escreveu tudo?

C (*Confirma e aponta a primeira linha.*) — Bruxa... ela tava sentada com o gatinho... aí veio a formiga e queria tomar o pirulito dela... a bruxa pegou o negócio com uma cordinha mágica. Ela pegou o negócio com uma cordinha mágica e fez a formiga e virar um elefante porque tava tomando... aí o pirulito cresceu.

P — Você acha que a escrita ajudou a lembrar?

C — (*Confirma.*) Porque eu já vi na televisão... porque... porque... quando passa os desenho... os desenhos vê... passa uns bicho... eu vejo um montão de bicho... eu aprendo a fazer...

Ao terminar o registro, disse que a escrita auxiliou a lembrança do texto. De fato, o conteúdo recriado foi o mesmo que motivou o registro. Porém o rememorou sem se relacionar com a escrita para esse fim e disse que lembrou porque viu na televisão, provavelmente porque assiste a desenhos que exploram a mágica. É interessante observar que, na tentativa de reconstrução do discurso alheio, varinha de condão se transforma em cordinha mágica... Por meio da trama discursiva que se desenvolve no processo de registro do texto, pode-se inferir que a criança descobriu que as letras são usadas para escrever, mas ainda não se apropriou das suas formas e nomes. Esse aspecto aparentemente negativo do processo se torna extremamente importante, pois permitiu que a criança revelasse, por meio da linguagem, seus modos de pensar e de elaborar a escrita.

O segundo texto escrito por MI foi uma mensagem de Natal que deveria ser entregue à professora da classe. Nesse caso, além das crianças terem que escrever com atenção para lerem o que escreveram, foi explicado a elas que a professora também deveria ler o texto. Além disso, o texto tinha o nome da professora e da própria criança. No caso do primeiro nome, a criança sempre o escrevia na classe e, por isso, já o havia memorizado. Na atividade anterior, MI compôs os enunciados do texto com um número maior de letras. Nesta situação de registro da mensagem natalina, utilizou um número reduzido de letras, isto é, escreveu a maioria dos enunciados da mensagem com apenas duas letras. Veja:

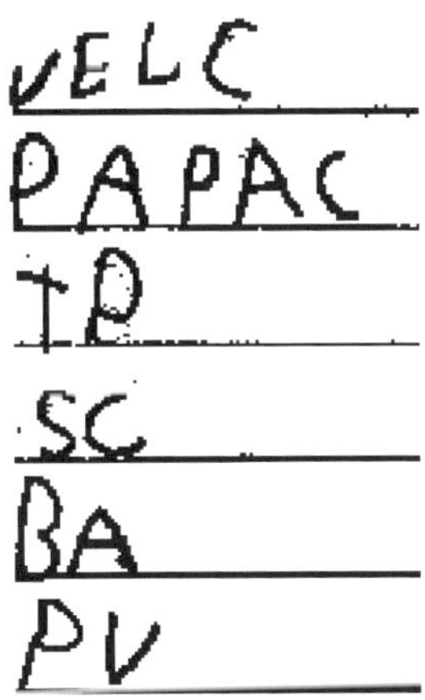

Tia V...
Eu vou te dar um presente de Natal.
Eu gosto de você e dos deveres.
Eu gosto de escrever.
Você é bonita e boa.
Feliz Natal!
MI
(Texto de MI, novembro de 2002)

Durante o registro, a criança se preocupava com a quantidade de letras que deveria ser anotada e sempre dizia que faltava uma letra, mas não sabia ao certo qual e, por isso, pediu ajuda para escrevê-las. Tal situação corrobora a análise anterior, pois a criança aprendeu que usamos letras para escrever, mas a atividade se volta para as tentativas de lembrar o nome e as formas das letras:

P — Tia V.

C — (*Hesita em escrever, observa a folha de papel, coloca o lápis sobre ela e não escreve por um longo tempo.*)

P — Vamos escrever... por que você não está escrevendo?

C — Porque eu não tô lembrando... num tô conseguindo.

P — Não está conseguindo... escreve do jeito que você sabe.

C — O nome dela é aqueles negocinho que escreve na sala?

P — É.

C — Acho que tem uma letra... essa letra aqui... (*Escreve a letra V.*)

P — Pode continuar.

C — Que letra mais que é dela?

P — Pensa... V.

C (*Olha para o lápis.*) — Vou escreve aquela letra aqui.

P — Qual letra?

C — (*Não é possível compreender a resposta. Continua a observar a folha.*) Eu tô... a letra dela... só que... só que eu não sei qual é que eu tô lembrando.

P — Qual é que você está lembrando?

C — É uma letra que tem no nome dela... eu num tô lembrando (...).

P — Escreve do jeito que você sabe.

C (*Não escreve.*) — Eu acho que tem uma letra que é assim. (*Desenha com o dedinho na mesa a letra L.*)

P — Então põe essa daí.

C (*Escreve a letra, coloca um traço na letra anterior, presta atenção no barulho das crianças do lado de fora.*) — Eu acho que é o C. (*Escreve a letra.*)

Pode-se verificar, então, que a criança tentou lembrar as letras que compõem o nome da professora. Ela não estava interessada em outras letras, porque sabia que existia um conjunto de letras que deveria ser lembrado. Por isso, mesmo quando incentivada a escrever do jeito que sabia, não escreveu qualquer letra. Ela conseguiu lembrar três letras que compõem o nome da professora (V, E e L):

P — (...) Eu vou te dar um presente de Natal.

C — (*Olha para o lados, fica pensativa.*) Eu acho que é o P (*escreve a letra*) eu já escrevi o P (...).

P — MI fala de novo. (*Não consegui compreender o que foi dito e nem mesmo foi compreendida durante a transcrição, pois falava muito baixo.*)

C — (...) Só que eu esqueço... eu num lembro.

P — (...) Tenta lembrar e escrever do seu jeito... você tem que escrever... eu vou te dar um presente de Natal.

C — Eu acho que é o A.

P — Então põe o A.

C — (*Escreve.*)

P — Pode continuar.

C — Eu acho que tem mais um P... porque eu tô lembrando um pouco.

P — Então coloca mais um P... já que você está lembrando.

C (*Escreve.*) — Mais uma letra também.

P — Você acha que precisa mais letras?

C — Precisa mais uma igual essa... vai ficar tudo igual um pouco.

P — Então escreve (...)

A atividade prosseguiu da mesma forma, ou seja, centrada na tentativa de recordar o nome das letras e suas formas. Desse modo, a redução do número de letras na escrita pode estar relacionada ao fato de ter se lembrado apenas de três letras do nome da professora. Ao final, disse que a escrita auxiliava na lembrança do texto. Disse que escreveu "Feliz Natal", sem se apoiar na escrita para lembrar. Como pode ser verificado na transcrição que se segue, mesmo tendo escrito o seu nome, não o leu. Isso sugere que a criança não compreendeu que a escrita pode ser usada com finalidade mnemônica ou como recurso para a memória:

P — Muito bem... MI (...) você acha que essa escrita ajuda você a lembrar o que você escreveu?

C — Eu escrevi um pouquinho... mas muito não.

P — E a escrita... ajuda você a lembrar?

C — (*Acena afirmativamente com a cabeça.*)

P — Então lê.

C — Tia V. Feliz Natal.

P — Que mais você escreveu? Você escreveu só feliz Natal?

C — Escrevi.

MI notou que não escreveu muito, mas concordou que a sua escrita auxiliava a recordação da mensagem. Contudo, como foi dito, apesar de ter escrito o seu nome ao final da mensagem, não o leu. Isso porque não buscou, no texto, escritas expressivas, valendo-se exclusivamente da memória para lembrá-lo. A última dessa seqüência de atividades desenvolvida por MI é muito interessante, pois se diferencia das duas primeiras em dois aspectos. Em primeiro lugar, a menina escreveu silenciosamente e, portanto, se limitou a ouvir os enunciados e escrever seqüências de letras para cada um deles, não demonstrando nenhum esforço para lembrar as formas e os nomes das letras. Em segundo, houve mudanças nas características da escrita, pois usou uma maior quantidade de letras para escrever o texto sobre a nova escola. Observe:

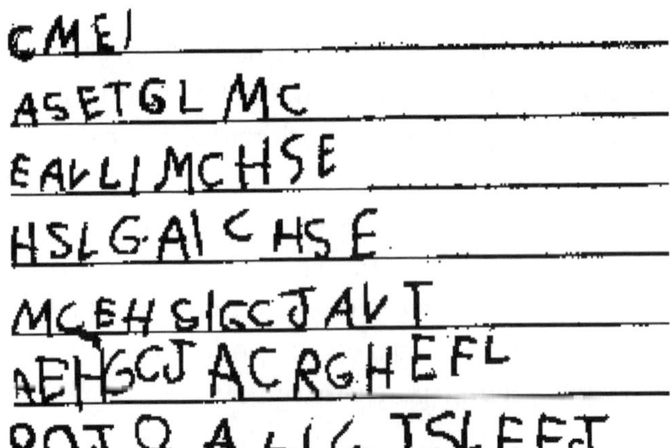

A nova escola
Eu gosto de brincar.
Eu fiquei feliz, porque eu estou na escola nova.
Eu gosto muito de ficar brincando com os coleguinhas sem bater,
mas todo mundo fica batendo.
Eu gosto de brincar com a Letícia.
Ela bate nos outros e só não bate em mim.
(Texto de MI, abril de 2003)

Veja agora como MI escreveu o texto:

P — A nova escola.

C — (*Fica pensativa.*) É pra escrever a letra da escola?

P — Pode escrever... qual é a letra da escola?

C — (*Escreve a primeira letra, apaga e escreve novamente CMEI.*)

P — Eu gosto de brincar.

C — (*Escreve silenciosa e vagarosamente.*)

P — Eu fiquei feliz, porque estou na nova escola.

Como pode ser visto, a criança escreveu com maior segurança e as formas das letras já foram memorizadas. Perguntou se era para escrever as letras da escola e escreveu, na primeira linha, as letras usadas para abreviar Centro Municipal de Educação Infantil (CMEI). É dessa maneira que a professora ensinou a escrever o nome da escola, abreviando essas primeiras palavras. Não teve dificuldades de lembrá-las. No restante da produção, não houve nenhuma pergunta. Ela ouviu cada enunciado e escreveu letras correspondentes. Pode-se verificar que memorizou um número razoável de letras e as utilizou para escrever o texto. Ao ser questionada se a escrita auxiliava a lembrança do texto, disse que sim. Observe:

P — Você acha que a sua escrita ajuda você a lembrar o que você escreveu?

C — (*Confirma.*)

P — Então leia pra mim o que você escreveu.

C — (*Aponta o texto.*) Eu gosto muito de brincar (...) (*Não foi possível compreender o que foi lido, mas indicava com o dedinho da esquerda para a direita e de cima para baixo onde estava lendo.*)

P — A escrita te ajudou a lembrar?

C — (*Confirma.*)

P — Como ela te ajudou?

C — Porque eu lembro.

Dessa forma, o registro das letras iniciais do Centro Municipal de Educação Infantil não auxiliou a lembrança da palavra escola, pois começou dizendo "Eu gosto de brincar". Com base na seqüência de atividades analisadas, pode-se concluir que a criança aprendeu inicialmente que usamos letras para escrever. No entanto, nesse início, não havia memorizado as formas das letras que sabia nomear e, em algumas situações, não lembrava sequer os nomes das letras, por isso, lembrar as letras era uma tarefa que se tornou central no trabalho de escrita do texto. Por meio da linguagem, mobilizou experiências e conhecimentos e conversou com a pesquisadora. À medida que aprendeu as formas das letras, escrever se tornou uma atividade que parece se limitar a reproduzir seqüências de letras diferenciando-as para cada sentença que deveria ser anotada.

Será examinada ainda uma das atividades desenvolvidas por BR. O exame dessa atividade servirá apenas para corroborar as análises anteriores. Ao escrever a mensagem natalina para sua professora, fez algumas perguntas sobre como se escreviam as letras e, na maior parte do tempo, se limitou a registrar as letras conhecidas ou memorizadas para cada enunciado. Veja a sua escrita:

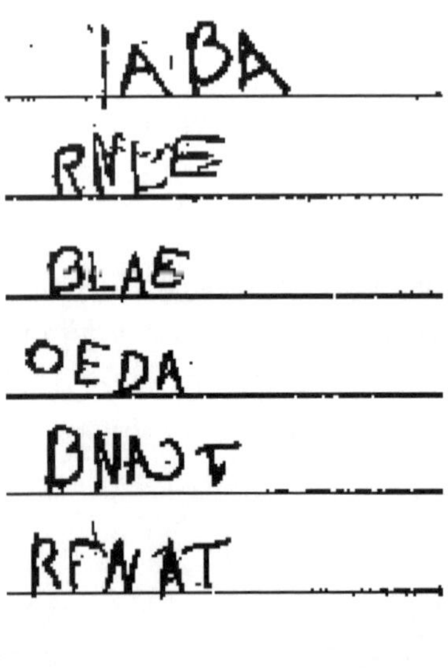

Tia V...
Eu gosto muito de você.
Eu tenho muita saudade de você.
Eu gosto muito, muito, até no coração.
Você é bonita.
Feliz Natal!
BR
(Texto de BR, novembro de 2002)

Como pode ser visto, a criança usou no máximo cinco letras para compor cada sentença do texto. Na penúltima seqüência de letras, escreveu o numeral um de cabeça para baixo. Dessa forma, as letras e número usados não têm relação com os significados anotados. Assim como MI na última atividade, BR memorizou um certo número de letras, utilizou essas letras para compor o texto e diferenciou suas seqüências em cada enunciado. Também lembrou duas letras da palavra "tia" e não se esforçou para lembrar as letras do nome da professora. Veja como ocorreu o registro da mensagem:

P — Agora, você vai escrever a mensagem de Natal para a V.

C — Eu vou escrever o meu nome.

P — Não precisa escrever o seu nome... sabe por quê? Você vai escrever o seu nome no final... na hora que você estiver terminando... lembra ontem? Seu nome aparece no final (...) Então, vamos começar? Tia V.

C — Tia... tia. (*Escreve as letras I A, pensa um pouco e murmura o que pretende escrever.*)

P — Vamos lá... tia V... o que cë escreveu?

C — Tia V.

P — Já escreveu tudo? Tia V.

C — Eu só escrevi o I e o A.

P — E o que tá faltando?

C — Tia V... o B é com tia? (...)

P — O B de BR.

C — Aqui? (*Desenha a letra no ar.*)

P — É a letra do seu nome.

C — (*Escreve.*) (...) É o A de novo. (*Escreve.*)

P — (...) Eu gosto muito de você.

C — (*Murmura.*)

P — Eu gosto muito de você.

C — É o B.

P — Então escreve.

C — (*Escreve a letra B e fica pensativa.*)

P — Já escreveu? (...) então escreva.

C — É o U. (*Fica pensativa.*)

P — Já escreveu (...) então escreve.

C — É o U. (*Fica pensativa.*) Eu não sei qual é a letra U (...)

P — Pensa... qual e a letra U?

C — (*Fica pensativa.*)

P — Escreve do jeito que você sabe.

C — (*Escreve a letra L.*)

P — Continue.

C — (*Escreve a letra E pequena.*) Eu errei.

P — O que tem errado? Por que você errou? (...)

C — Fiz muito pequeno.

P — Por que tem que ser grande?

C — Assim (*aponta o tamanho da letra L, apaga e escreve a letra E.*)

Assim, a criança produz seqüências de letras aprendidas. No momento da escrita, ocorreram sempre pausas, o que evidencia que estava pensando sobre como escrevê-las. Diferentemente de MI, não tornou evidentes as suas elaborações, mas diferenciou as seqüências de letras usadas para escrever as sentenças. Assim, a criança sabia que, para escrever significados diferentes, são necessárias diferenciações na escrita. Ao final, perguntei se a escrita auxiliava a lembrança do texto e se a professora conseguiria ler o que escreveu. Observe o que aconteceu:

P — Você acha que a V vai conseguir ler o que você escreveu?

C — Não sei.

P — Por que você não sabe?

C — (*Não há resposta.*)

P — E você? Essa escrita serve para te ajudar a lembrar o que você escreveu?

C — (*Faz um sinal afirmativo com a cabeça.*)

P — Então lê pra mim o que você escreveu.

C — Tia V... (*aponta*) eu gosto muito de você... eu gosto muito até no coração... eu tenho muita saudade de você... Feliz Natal. (*Aponta os segmentos escritos.*)

P — O que mais está escrito aí embaixo?

C — BR.

P — Essa escrita te ajudou a lembrar o que você escreveu?

C (*Faz novamente sinal afirmativo com a cabeça.*)

A criança disse que a escrita auxiliava a recordação da mensagem. Ao ler ou lembrar o texto, apontou os segmentos de letras passando o dedinho sobre cada um deles observando a organização da página. Um dado importante é que efetuou a leitura do seu nome. Outras crianças não o fizeram, pois de fato não observavam a escrita ao tentar lembrar o conteúdo anotado.

As situações analisadas evidenciam processos importantes no curso de desenvolvimento da apropriação da escrita que poderiam ser resumidos da seguinte forma: as crianças aprendem que usamos letras para escrever, no entanto, no início dessa aprendizagem, não se apropriaram das formas e dos nomes das letras que precisam utilizar ao escrever um dado texto. Lembrar as formas e os nomes das letras se torna um problema a ser solucionado pela criança ao escrever. Na atividade de lembrar, ela mobiliza conhecimentos, experiências exteriorizadas nos diálogos descritos anteriormente. Dessa forma, se pode concluir que as crianças buscam diferenciar as escritas ao escrever as sentenças do texto. Essa diferenciação se faz em relação a cada enunciado e gera uma intensa atividade discursiva. Nesse sentido, é importante acentuar a importância da linguagem que medeia a atividade de lembrar as letras que possibilitarão a diferenciação do escrito.

Vigotski (2001), ao escrever sobre as relações entre pensamento e linguagem, destaca a importância da linguagem egocêntrica no processo de desenvolvimento da linguagem interior. Na perspectiva desse autor, a linguagem egocêntrica surge no curso do desenvolvimento infantil e a sua estrutura predicativa, condensada, revela a falta de compreensão pela criança da sua função, voltada para a orientação mental, para organização de uma atividade. Assim, a linguagem egocêntrica representa, para esse autor, um dos fenômenos de transição das funções interpsíquicas para as intrapsíquicas. Desse ponto de vista, seu destino é se transformar em linguagem interior. Ainda de acordo com esse autor, "[...] o estudo da linguagem egocêntrica constitui um método fundamental para o conhecimento da natureza da linguagem interna" (Vigotski, 2001, p. 314). Como pode ser verificado nas análises anteriores, o foco sobre a linguagem egocêntrica surgida durante a realização do trabalho de escrita dos textos também foi fundamental para compreender como as crianças pensam, que conhecimentos e experiências mobilizam para lembrar as formas e os nomes das letras que precisavam escrever.

Porém, à medida que as crianças se apropriam das formas e nomes das letras, a atividade de escritura se restringe, como visto, à produção das formas gráficas aprendidas. A linguagem egocêntrica deixa de atuar como mediadora da lembrança e a criança escreve silenciosamente.

Sobre as diferenciações na escrita, em trabalhos anteriores (Gontijo, 2001; 2003) foi discutida a sua natureza e apresentados diversos exemplos do modo como as crianças as elaboram, tendo em vista o tipo de metodologia de ensino usado na sala de aula pela professora para ensinar a ler e a escrever. Se, por um lado, forem analisadas somente as características da escrita, pode-se dizer que as crianças escrevem observando critérios de quantidade e de variação de letras; mas, por outro lado, se for considerado o trabalho de ensino da escrita realizado no contexto escolar, elas produzem escritas do tipo lista que são freqüentemente trabalhadas com essas crianças. Outro dado interessante a ser destacado diz respeito ao fato de as crianças escreverem sem observar a quantidade mínima de letras destacada nos estudos de Ferreiro e Teberosky (1989) como essencial para a garantia da legibilidade do escrito. Não me parece, no entanto, que as crianças que escrevem diferenciando suas escritas qualitativa e quantitativamente considerem a possibilidade de legibilidade do que escrevem. Elas sabem que a sua escrita não pode ser lida e, por isso, quando incentivadas a ler, muitas disseram que a sua escrita não auxiliava a recordação do que foi anotado.

Sem dúvida que a análise das características das escritas produzidas pelas crianças é importante, mas a observação da intensa atividade de linguagem revela faces muito significativas dos problemas enfrentados por elas ao longo do processo de apropriação da linguagem escrita.

A capacidade de reflexão sobre as unidades da linguagem oral

Nos itens anteriores, foram examinados trabalhos de produção de textos desenvolvidos pelas crianças que sabiam que são usadas letras para escrever, mas que não tentavam relacioná-las *sistematicamente* com unidades da linguagem oral. Neste tópico, serão analisados trabalhos em que as crianças elaboravam essas relações de forma mais sistemática e revelavam, por meio da linguagem, como pensavam essas relações e, portanto, como refletiam sobre as unidades da linguagem oral. Segundo Vigotski (2001b, p. 197),

> [...] para que el niño llegue a ese descubrimiento fundamental debe comprender que no sólo se pueden dibujar las cosas, sino también el lenguaje. Ese fue el descubrimiento que llevó a la humanidad al método genial de la escritura por letras y palabras, y ese mismo descubrimiento lleva al niño a escribir las letras. Desde el punto de vista psicológico este hecho equivale a pasar del dibujo de objetos al de las palabras.

A criança aprende, ao longo do seu desenvolvimento, que são usados signos especiais (letras) para escrever. Contudo, essa aprendizagem não é suficiente para que ela perceba que as letras representam unidades da linguagem oral. Por isso, ao escrever, organiza as letras diferenciando-as de acordo com os significados que quer registrar, mas sem ter ainda a consciência das unidades da linguagem e de quais são representadas na escrita. Nesse sentido, Vigotski (2001a) diz que a aprendizagem da escrita possibilitará a tomada de consciência da estrutura fônica das palavras e, portanto, a apropriação do sistema de escrita e de seu funcionamento levará a criança a refletir sobre a linguagem oral e tomar consciência de seus constituintes.

Olson (1997, p. 84) defende a idéia de que "[...] os sistemas de escrita proporcionam os conceitos e as categorias para pensar a estrutura da língua falada, e não o contrário". Essa idéia é válida, na opinião desse autor, tanto para explicar a evolução dos sistemas de escrita (da pictografia aos alfabetos) como o desenvolvimento da escrita na criança. A meu ver, essa idéia está presente em Vigotski (2001), ao dizer que a apropriação da escrita possibilita que as crianças tomem consciência de que a língua falada é composta de palavras e que essas, por sua vez, são compostas por unidades menores (fonemas). Nesse sentido, essa consciência não existe em um falante nativo de uma língua, mas se desenvolverá à medida que ele se apropria da linguagem escrita.

A partir da idéia de que sistemas de escritas com finalidades comunicativas e mnemônicas se tornaram modelos para pensar a linguagem oral, Olson (1997, p. 84) defende duas hipóteses assim descritas:

> 1. Os sistemas de escrita se desenvolveram com objetivos mnemônicos e comunicativos, mas, como são "lidos", acabam fornecendo um modelo para linguagem e para o pensamento; explicamos introspectivamente a linguagem e a mente em termos das categorias preconizadas por nossos sistemas de escrita.
>
> 2. A evolução da escrita, inclusive do alfabeto, é simplesmente a conseqüência de tentar usar um sistema gráfico inventado para ser "lido" em uma língua, à qual se ajusta razoavelmente, para transmitir mensagens que são "lidas" em outra língua para a qual não é apropriado. Em cada caso, o modo funcional de se comunicar por meio de marcas visíveis foi ao mesmo tempo uma descoberta das estruturas da fala passíveis de representação [...].

Assim, com base no exame das "[...] análises de Gelb (1963), Gaur (1987), Sampson (1985), Schmandt-Bessarat (1986), Harris (1986) e Senner (1989)" (Olson, 1997, p. 85) sobre a história da escrita e das mudanças históricas na escrita que culminou com o surgimento do alfabeto, esse autor conclui que

> [...] as evidências examinadas [...] tendem a sustentar a primeira hipótese, a saber: longe de transcrever a fala, a escrita tende a proporcionar um modelo para a fala. Inventar um sistema de escrita significa, em parte, descobrir algo

> sobre a nossa fala e, em última análise, sobre "o que é dito". É a escrita que fornece um modelo para a fala, ainda que seja um modelo distorcido. (Ibid., p. 95)

Para o autor, portanto, as escritas sintáticas forneceram o modelo, as categorias para pensar as palavras que constituem a língua. Nesse sentido, aquilo que foi criado para representar as coisas ou como sendo atributos delas possibilitou um modo de reflexão sobre a língua. Ainda nessa direção, argumenta que as escritas logográficas em que os símbolos são usados para representar palavras não foram criadas com esse objetivo. Segundo Olson (ibid., p. 93), "[...] vale insistir, porém, que não se segue que os inventores dessa escrita soubessem de antemão o que eram as palavras, e que tivessem procurado representá-las na escrita". Pelo contrário, foi a existência de escritas sintáticas que propiciavam "[...] um tipo de leitura *que permitiu ver a linguagem composta por palavras relacionadas entre si por meio de uma sintaxe*" (grifos do autor).

Se as escritas sintáticas forneceram o modelo para pensar as palavras da língua, o surgimento dos alfabetos possibilitou o aparecimento de modelos mais refinados. Nesse sentido, Olson (ibid., p. 101) defende a posição de "[...] que as categorias fonológicas tais como 'consoante' e 'vogal' estejam presentes na fala para serem captadas pela escrita. Esta é que propõe um modelo para a fala", ou seja, são os sistemas que usavam consoantes e vogais que forneceram o modelo para pensar a fala em termos de constituintes mínimos. As conclusões do autor e de Vigotski (2001) são importantes nas análises que iremos desenvolver em seguida. No processo de apropriação da escrita, a criança começa a tomar consciência da estrutura lexical, silábica e fônica da língua em um processo que não pode ser comparado com o desenvolvimento dos sistemas de escrita, mas que demonstra com muita exatidão que as crianças passam a pensar a língua em termos dos seus constituintes no processo de aquisição da escrita e não antes dele. Sendo assim, não há repetição dos processos de constituição da escrita alfabética, mas as categorias do sistema de escrita com as quais a criança tem que lidar levam a que passem a refletir sobre a linguagem oral tendo como referência essas categorias.

Primeiramente, é importante discutir como Ferreiro (1990a) pensa essa questão e, em seguida, serão analisados alguns estudos que discutem a consciência fonológica compreendida, neste trabalho, em sentido amplo: "[...] habilidade para identificar, segmentar e manipular, de forma intencional, as unidades constituintes da linguagem oral" (Delfior, 1998, p. 11, tradução minha).

Ferreiro (1990a) assinala que o percurso de desenvolvimento da linguagem escrita na criança pode ser visto como a busca de solução de problemas lógicos: "[...] relação entre totalidade e as partes; coordenação de semelhanças e diferenças; construção de uma ordem serial; construção de invariantes; correspondência termo a termo". Nesse sentido, no terceiro nível de evolução da escrita, os problemas lógicos a serem resolvidos estão ligados à relação entre totalidade e as partes e à correspondência termo a termo. Os demais são solucionados no decorrer dos dois primeiros períodos evolutivos que antecedem o período de fonetização da escrita.

No que se refere à relação entre totalidades e partes, a autora questiona, tomando como referência o momento em que as crianças compreenderem que a escrita é um objeto substituto e que uma série de letras recebe uma certa interpretação, que o [...] problema é saber, se dada essa interpretação de conjunto, é também possível à criança dar uma interpretação às partes constitutivas" (Ferreiro, 1990, p. 40). Nesse sentido, argumenta que, no início, as propriedades atribuídas às partes são resultado de uma transferência das propriedades atribuídas ao todo. Para ilustrar seu posicionamento, diz que o nome atribuído a uma série de letras que compõem o nome de uma criança pode ser devido a uma parte dessa série. Dessa forma, tendo sido constituída a totalidade, as propriedades atribuídas ao todo são transferidas para as partes. Entretanto, segundo a autora, algumas tentativas de diferenciação das partes e do todo podem aparecer nesse momento do desenvolvimento. "Por exemplo, na interpretação das partes de seu próprio nome, certas crianças tentam atribuir às diferentes partes visíveis uma das partes (na verdade, uma palavra completa) de seu nome quando este é substantivo composto [...]" (ibid., p. 41). Por outro lado, argumenta que certas situações possibilitam que as crianças estabeleçam com mais facilidade a relação entre as partes e o todo. Nessa direção, ilustra com exemplos em que as crianças, tendo que escrever um certo número de objetos, utiliza tantas letras quantos forem os objetos a serem representados. Contudo, diz que esse procedimento não é generalizável porque permite conflitos com a exigência de quantidade de letras. Um outro procedimento utilizado pela criança para representar substantivos no plural, quando os escrevem primeiro no singular, é repetir a primeira seqüência de letras para quantos forem os números dos objetos do conjunto. Dessa forma, conforme a autora, quando a criança escreve primeiro um substantivo no plural, ela pode ajustar o número de letras ao número de objetos, mas, quando ocorre o contrário, a tendência é a repetição da seqüência de letras.

Esses procedimentos, no entanto, parecem ser vistos pela autora como instáveis e restritos a determinadas condições e, por isso, não se generalizam. Nesse sentido, para ela, o fato de as crianças passarem a pensar as palavras em termos dos seus constituintes silábicos tem uma importância fundamental no processo de desenvolvimento da escrita. Porém, coloca a questão sobre a necessidade de "[...] saber qual o sentido das interações entre os conhecimentos gerais sobre a linguagem e a compreensão da escrita" (ibid., p. 43). Dessa forma, assinala que há duas hipóteses possíveis. De acordo com a primeira, "[...] um desenvolvimento progressivo da noção de decomposição silábica das palavras ocorreria de maneira independente e poderia, depois, aplicar-se à compreensão da escrita" (ibid., p. 45). Com outras palavras, nessa primeira hipótese, o desenvolvimento da linguagem oral conduziria à tomada de consciência das unidades silábicas. A segunda hipótese defende que "[...] seriam os problemas cognitivos colocados pela compreensão da escrita — e muito particularmente o da relação entre totalidade e as partes — que levariam a criança à descoberta do recorte silábico como a melhor maneira de resolver tais problemas" (ibid., p. 45). Dessa forma, na segunda hipótese, a capacidade de pensar as palavras em termos de suas unidades silábicas seria resultado dos problemas colocados pela compreensão da escrita. Segundo Ferreiro (1990a), nesse momento do seu trabalho, não estaria em condições de escolher uma dessas posições. De qualquer forma, a autora argumenta que o surgimento da capacidade de decompor as palavras em unidades silábicas possibilita uma nova forma de reorganização entre as partes e o todo.

Porém, antes de dar continuidade à descrição das visões da autora sobre os problemas lógicos que a criança tem a solucionar no percurso do seu desenvolvimento, é importante ressaltar que, em outro texto, a autora apresenta seu posicionamento sobre a questão das hipóteses aventadas. Nessa direção, Ferreiro (2003), após ter se posicionado quanto às dicotomias "letras *versus* fonemas" e "palavra gráfica *versus* palavra oral", parte da seguinte questão: "[...] a escrita é um modelo para análise da fala?". Para dar uma resposta, toma como referência novamente as duas hipóteses mencionadas no texto de 1990 e diz refutar a primeira hipótese, isto é, "[...] a idéia da escrita como reflexo de categorias de análise preexistentes na fala" (2003, p. 152). Por outro lado, discorda também da posição contrária e, nesse sentido, diz que nenhuma das posições considera efetivamente o que acontece com a criança no seu percurso evolutivo:

> No curso do desenvolvimento, e porque a escrita existe e há de se apropriar dela, é necessário passar de um saber-fazer com a linguagem para um "pensar sobre a linguagem". Essa transformação da linguagem de um instrumento de ação em objeto de pensamento supõe graus variáveis de objetivação e de fragmentação da fala, diferentes dos que operam na comunicação oral. Supõe o isolamento de certas emissões que, pelo próprio fato, são tiradas do uso imediato e transformam-se em objetos opacos, sobre os quais novas atividades intelectuais são possíveis. Esses fragmentos de emissões podem se transformar em observáveis. Contudo, a conversão de algo externo em observável, para o sujeito, supõe um certo nível de conceitualização. Além de serem objetos de ação, esses fragmentos transformam-se em objetos de análise, sobre os quais é possível estabelecer comparações, quer dizer, determinar semelhanças e diferenças que conduzirão a novas categorizações. (Ibid., p. 153)

A autora argumenta que nenhuma das hipóteses leva em conta o que acontece na evolução da escrita na criança. O texto sugere que a linguagem é ação, porque a criança em desenvolvimento a que se refere é aquela que vive em meios onde se faz uso da escrita e da leitura. Entretanto, para a autora, uma coisa é saber o que os outros fazem com a linguagem ou o que se pode fazer com ela; outra é a criança pensar sobre a linguagem. Nesse caso, exigem-se níveis de objetivação e fragmentação da linguagem oral. Para que as unidades da linguagem se tornem observáveis e, ao mesmo tempo, para que algo se torne observável, nesse caso a linguagem oral, é preciso um certo nível de conceitualização. A meu ver, a recusa dos dois posicionamentos ou das duas hipóteses está fundamentada numa resposta interacionista. Assim, durante o processo de evolução da escrita nas crianças, as estruturas para pensar a fala não estariam na escrita e nem mesmo existiriam previamente nos sujeitos, mas resultariam da ação desses sobre os objetos durante o processo evolutivo e na interação com a escrita. Nesse sentido, as estruturas lógicas que são instrumentos para pensar a linguagem oral e a linguagem escrita se constituem na interação do sujeito (criança) com o objeto (escrita). Creio que o modo como a autora explica a construção da hipótese silábica, baseada na capacidade já construída em outros momentos do desenvolvimento da escrita, de estabelecer correspondência termo a termo entre as totalidades de uma parte é esclarecedora.

Retomando, portanto, a questão dos problemas lógicos a serem resolvidos pelo aprendiz da língua escrita, constituída a idéia de que para cada parte da palavra emitida corresponde uma parte da palavra escrita, estão, segundo Ferreiro (1990a, p. 46), [...] reunidas as condições de um novo tipo de coordenação entre as partes e a totalidade, o qual acarreta uma nova reorganização". Nesse sentido, a novidade consiste, segundo a autora, em considerar as relações entre duas totalidades diferentes que são constituídas por partes, o que coloca a necessidade de estabelecimento de uma relação ou correspondência termo a termo entre partes das totalidades ou do "conjunto" de elementos fragmentáveis da língua oral e da escrita.

Nesse sentido, a hipótese silábica que marca a entrada no terceiro nível de evolução da escrita, como já dito, é fundamental. Entretanto, a autora assinala que não é somente nesse estágio do desenvolvimento da escrita que a correspondência termo a termo se faz presente. Em momento anterior, em que as crianças ainda não fazem uso das letras convencionais, há tentativas freqüentes de relacionar cada objeto a ser representado com um objeto (escritas unigráficas). No entanto, essa tentativa não se generaliza e, dessa forma, é efêmera, porque conflita com a exigência de quantidade mínima de letras. Então, a correspondência termo a termo se modifica ou se transforma em uma "correspondência de vários a um" que regula tanto a quantidade mínima como a quantidade máxima de grafias. Porém, nesse momento, não há tentativa de pensar as partes constitutivas de uma palavra. É exatamente o surgimento da hipótese silábica que leva a criança a pensar em decompor as palavras emitidas e em correspondê-las com unidades na escrita, as letras. Dessa forma, são as condições para elaborar correspondência termo a termo que possibilitam uma nova construção e uma nova forma de corresponder unidades da fala e unidades da escrita. Sendo assim, essas explicações fundamentam a recusa da autora à idéia de pensar a análise das estruturas da fala a partir de estruturas presentes na própria escrita. No entanto, conforme ela mesma afirma, a capacidade de refletir sobre as unidades da linguagem oral ocorre com o aprendizado da escrita e a capacidade de isolar as sílabas tem um papel fundamental no desenvolvimento da escrita.

Se, por um lado, Ferreiro (1990a) coloca a questão da reflexão sobre as unidades da linguagem oral, no percurso de desenvolvimento infantil, como um problema de natureza lógico-matemática, por outro, vários pesquisadores, particularmente no campo da Psicologia, estudaram a consciência fonológica buscando evidenciar suas relações com a aprendizagem da leitura e da escrita. Cardoso-Martins (1995, p. 103) tece comentários sobre o interesse dos psicólogos em estudar as relações entre fala e escrita e confirma que esse interesse é decorrente "[...] da descoberta de que a consciência fonológica, isto é, a consciência dos sons que compõem as palavras que ouvimos e falamos, desempenha um papel importante na aprendizagem da leitura e da escrita em uma ortografia alfabética".

Em pesquisa no *site* da Capes, verifiquei que, a partir de 1987, foram desenvolvidas 35 teses e dissertações sobre essa questão. Observei ainda que a questão da consciência fonológica tem despertado o interesse de pesquisadores do campo da educação, das ciências médicas e da lingüística. Contudo, o maior número de trabalhos foi desenvolvida no campo da Psicologia (experimental, cognitiva e educacional). Além desses trabalhos, foi possível identificar várias pesquisas desenvolvidas no Brasil, publicadas em periódicos e livros. Um exame dos trabalhos encontrados durante a elaboração deste livro evidencia que têm enfocado a relação entre consciência fonológica e aprendizagem da leitura e da escrita, a relação entre consciência fonológica e os níveis de evolução da escrita propostos por Ferreiro e Teberosky (1989) e a questão de quais unidades fonológicas influenciam a aprendizagem da leitura e da escrita.

A idéia de uma relação entre consciência fonológica e aprendizagem da leitura e da escrita é oriunda principalmente dos posicionamentos de Bradley e Bryant (1983) e de outros autores que, com base em estudos experimentais desenvolvidos com crianças de língua inglesa, afirmam uma relação de causalidade entre consciência fonológica e desempenho em leitura e escrita. Nessa perspectiva, Byrne (1995) defende que o treinamento da consciência fonêmica tem impacto positivo no aprendizado da leitura. No artigo intitulado "Treinamento da consciência fonêmica em crianças pré-escolares: por que fazê-lo e qual o seu efeito", inicialmente, sustenta apropriadamente a idéia de que os percursos de aquisição da linguagem escrita e da linguagem oral são diferentes. Entretanto, é questionável o fato de o autor fundamentar tal posicionamento na idéia de o notável desenvolvimento da linguagem oral, e, portanto, o fato de as crianças chegarem ao início da aprendizagem da linguagem escrita "[...] tendo dominado um conjunto extraordinariamente complexo de regras para a pronúncia e o arranjo de palavras, assim como, *naturalmente*, já aprenderem o sentido de milhares dessas palavras" (ibid., p. 39-40, grifo meu), ser decorrente e "[...] controlado de *forma inata* por um dispositivo de aquisição de linguagem (Crain, 1991)" (ibid., p. 40, grifos meus).

Além disso, Byrne (ibid., p. 40) questiona por que esses processos são diferentes e argumenta que as razões para as diferenças devem ser buscadas "[...] na comparação das propriedades da fala e da língua escrita". Assim, segundo o autor, se forem encontradas diferenças significativas entre essas duas modalidades de linguagem, é possível que seja desvendada uma das razões para demonstrar por que esses processos são distintos e a razão por que a aprendizagem da língua escrita apresenta mais problemas, se comparada com o processo de aquisição da língua oral. Considera, então, na sua análise, os aspectos físicos da fala e da escrita. De acordo com o autor, "a fala é contínua", não apresenta elementos físicos que correspondam às letras, enquanto o discurso escrito é "[...] segmentado dentro e fora das palavras [...]".

Dessa forma, o problema a ser resolvido pelo aprendiz da escrita é o da segmentação, "[...] isto é, descobrir os elementos da fala contínua que correspondem aos elementos discretos da escrita alfabética" (ibid., p. 40-41). Além da segmentação, outro aspecto destacado pelo autor da consciência fonêmica é a invariância, compreendida como referente "[...] à identidade dos fonemas em palavras diferentes" (ibid., p. 42). Assim, considerando as propriedades da fala e da escrita, o autor conclui que a razão para as diferenças na aprendizagem dessas duas modalidades de linguagem e para a aprendizagem da linguagem escrita apresentar maior dificuldade para a criança está no fato de esta ter que tomar consciência das unidades fonêmicas da fala. Dessa forma, a consciência fonêmica, compreendida pelo autor como "[...] consciência da natureza psicologicamente segmentada (enquanto oposta à natureza fisicamente contínua) da fala [...]" (ibid., p. 41), pode ser desenvolvida por meio de treinamento que, por sua vez, produz impacto positivo sobre o desenvolvimento inicial da alfabetização. Assim, o treinamento da consciência fonêmica, por meio de tarefas que trabalham a segmentação e a identidade dos fonemas (invariância), possibilita que as crianças demonstrem uma superioridade na capacidade de decodificação no início da aprendizagem da leitura. É interessante notar que tal posicionamento é complicado, pois a leitura não se restringe à decodificação. Por outro lado, os tipos de experimentos desenvolvidos por esse autor são mecânicos e repetitivos, podendo tornar o processo inicial de aprendizagem da leitura e da escrita enfadonho para os aprendizes.

Segundo o autor, outros trabalhos demonstram a pertinência da conclusão e, nesse sentido, cita o estudo de Bradley e Bryant (1983)[6] afirmando que o resultado do estudo desses autores

> [...] coincide com o nosso de forma particularmente feliz, porque eles também mostraram que os melhores resultados são obtidos quando se enfatiza não

6. L. Bradley; P. E. Bryant. Categorizing sounds and learning to read: a causal connection. *Nature*, n. 301, p. 419-421, 1983.

> somente o ensino da estrutura da fala, mas também dos valores sonoros das letras. Além disso, eles usaram um procedimento de treinamento de consciência fonêmica muito semelhante ao nosso, na medida em que também focalizaram os sons compartilhados pelas palavras. (Byrne, 1995, p. 59)

É necessário, portanto, examinar as conclusões do autor. A primeira diz respeito "[...] a que as crianças pré-alfabetizadas geralmente não têm consciência das propriedades da corrente da fala relevantes para a escrita alfabética" (Byrne, 1995, p. 64). Certamente, as crianças não têm consciência de que as palavras que pronunciam são compostas por fonemas, pois será exatamente a aprendizagem da escrita que propiciará a tomada de consciência não só da estrutura fonêmica das palavras, mas também da estrutura sintática, lexical e silábica da linguagem oral. A segunda conclusão está relacionada com a crítica feita por Byrne aos estudos que indicam que aprender a ler e a escrever é um processo natural (Goodman e Goodman, 1979), ou seja, "[...] a aprendizagem de palavras escritas numa escrita alfabética não pode ser vista como algo que fatalmente acarretará na descoberta do princípio alfabético pelo aprendiz" (Byrne, 1995, p. 64).

Assim, conforme argumenta o autor, o fato de as crianças serem expostas a algumas palavras inteiras de uma escrita alfabética não as tornam capazes, por *insight*, de compreender os princípios fonológicos da escrita alfabética. A aprendizagem da linguagem escrita (e nem mesmo da fala) não é um processo natural. Para que as crianças — ou qualquer pessoa — aprendam a ler e a escrever, é necessária uma organização sistemática e intencional do trabalho de ensino-aprendizagem. Essa organização, entretanto, não deve considerar apenas uma única dimensão, ou seja, a fonológica. O erro de Bryan está em considerar apenas essa dimensão e, a partir dela, concluir ainda que "[...] as propriedades da corrente de fala podem ser trazidas à atenção das crianças de maneira bastante fácil" por meio do treino, pela realização de tarefas mecânicas que visem à identificação de sons em palavras. Esses equívocos o levam ao último: o treino das habilidades de segmentar e de identificar sons possibilita um melhor desempenho na capacidade de decodificação na fase inicial de alfabetização. Desse modo, as conclusões do autor são adequadas, se considerada, portanto, a sua concepção de leitura como processo de decodificação. Entretanto, é necessário lembrar que nem o processo inicial de aprendizagem da leitura e nem o processo posterior se restringem à decodificação.

Uma análise mais profunda das conclusões do autor revela que a sua concepção de leitura é influenciada pelas idéias do estruturalista americano Bloomfield que, por sua vez, foi influenciado pelas idéias dos comportamentalistas americanos, no campo da Psicologia, e, por isso, concebe a aquisição da linguagem escrita como um processo que consiste na associação entre unidades sonoras e gráficas (Braggio, 1992). De acordo com Braggio (1992, p. 10), o próprio Bloomfield afirmava

> [...] sentenças e histórias não são essenciais na primeira abordagem à leitura. Não necessitamos ter medo de usar palavras desconexas e mesmo sílabas sem sentido. E, acima de tudo, nós não podemos... perturbar os hábitos mal formados das crianças... — exercícios puramente formais que não teriam sentido para um adulto, têm sentido para uma criança.

Nesse sentido, as conclusões de Byrne e de grande parte daqueles que discutem essa questão se coadunam com as idéias de estudiosos que têm defendido que a alfabetização é um processo individual cuja principal habilidade a ser adquirida é a consciência fonêmica, ou seja, a habilidade de segmentar a fala em fonemas. Discordo dessas visões, pois, além de desconsiderarem os avanços nos campos da Lingüística e da Psicologia, parecem esquecer os efeitos nefastos, para os professores que ensinam a ler e a escrever e para as crianças que aprendem, de processos de ensino-aprendizagem baseados no treinamento e, portanto, distanciados da realidade sociocultural.[7]

Cardoso-Martins (1991, p. 43) realizou uma pesquisa cuja finalidade foi "[...] contribuir para a elucidação do papel desempenhado pela consciência fonológica na aprendizagem inicial da leitura e da escrita em Português". Participaram do estudo dois grupos de crianças de classes populares ma-

7. Os estudos de Carraher e Rego (1981 e 1984) e Bezerra (1982), segundo Cardoso-Martins (1991), também sugerem que a consciência fonológica é um requisito fundamental para a aprendizagem da leitura e da escrita.

triculadas na primeira série de duas escolas públicas, totalizando 58. As crianças estavam sendo alfabetizadas com os métodos silábico e fonético, e um critério considerado pela pesquisadora, ao selecionar as crianças, foi que não deveriam saber ler e escrever. Elas foram submetidas individualmente a testes que avaliavam a consciência fonológica, o nível de desenvolvimento intelectual e a aprendizagem da leitura e da escrita.

Os testes de consciência fonológica averiguaram a capacidade das crianças de identificar, a partir de uma palavra estímulo, as palavras que compartilhavam o som inicial, o som final e a sílaba do meio. Para medição do nível de desenvolvimento intelectual, foi usado o Teste de Matrizes Progressivas de J. C. Raven (escala especial) e, para exame da aprendizagem da leitura e da escrita, as crianças realizaram tarefas de leitura e de escrita de palavras isoladas. Nesse último teste, foram usadas palavras que não constavam nas cartilhas usadas pelas crianças, mas "[...] cujos fonemas ou sílabas já tivessem sido treinados em sala de aula por ocasião da avaliação" (Cardoso-Martins, 1991, p. 44).

Os resultados demonstram a correlação entre as medidas de consciência fonológica e as medidas de progresso na aprendizagem da leitura e da escrita. Isto é,

> [...] a habilidade para classificar palavras quanto ao som correlacionou-se com a aprendizagem posterior da leitura e da escrita, sobretudo, para as crianças aprendendo a ler pelo método fônico. Para estas crianças, as correlações entre as medidas de consciência fonológica e as medidas de aprendizagem na leitura e na escrita foram todas significativas. Por outro lado, para as crianças aprendendo a ler pelo método silábico, a única correlação significativa encontrada foi entre a habilidade para classificar palavras quanto ao som inicial e a aprendizagem da escrita. (Ibid., p. 45)

Nesse sentido, os resultados do estudo de Cardoso-Martins (1991) sugerem a existência de correlação entre a consciência fonológica e progresso na leitura e na escrita. Considerando uma das variáveis importantes do trabalho — tipo de método utilizado no ensino da leitura e da escrita —, a autora argumenta, entretanto, que a comparação entre os impactos dos métodos fonético e silábico sobre o desenvolvimento da consciência fonêmica indica que "[...] os métodos silábicos podem favorecer mais o desenvolvimento da consciência fonêmica do que os métodos fonéticos" (ibid., p. 48), e, nesse sentido, seriam mais apropriados para ensinar a ler e a escrever.

O estudo de Cardoso-Martins (1991) sugere duas conclusões. A primeira diz respeito à confirmação da relação de causalidade entre consciência fonêmica e aprendizado da leitura e da escrita. A segunda, como mencionado, aponta que o método silábico é mais adequado para possibilitar a aquisição da consciência fonêmica, considerada requisito para o aprendizado da leitura e da escrita. A primeira conclusão foi construída sem averiguar o trabalho na sala de aula, ou seja, os modos como cada professora desenvolvia esse trabalho com os métodos, o que pode ter influência importante no desenvolvimento das crianças. Além disso, conforme pode ser observado, nos testes realizados, as habilidades examinadas são de codificação e de decodificação. A metodologia utilizada não possibilita verificar as reais capacidades de leitura e de escrita, pois, como já dito, ler e escrever, na fase inicial de alfabetização, não se restringem a decodificar e a codificar. Além disso, inferir algum tipo de correlação entre um tipo de variável e o aprendizado ou desempenho em leitura é muito difícil, pois, na dinâmica social, é complicado falar em controle de variáveis. Assim, a partir da idéia de que a consciência fonêmica é essencial para o aprendizado da leitura e da escrita, a autora aponta que o método que pode possibilitar a emergência dessa consciência é o método silábico e, dessa forma, defende o seu uso. Creio que não será necessário repetir o quanto a concepção de leitura e de escrita da autora é restrita.

Com relação à concepção de leitura que tem orientado os estudos sobre a consciência fonológica, Morais (1997, p. 67) partiu, em sua pesquisa, da seguinte problemática: "Será que a relação que existe entre as dificuldades de leitura e a consciência fonológica se mantêm se se levar em consideração uma concepção de leitura diferente?". Para propor seu problema de estudo, o autor discute primeiramente os estudos que investigaram a correlação entre a consciência fonológica e a aprendizagem da leitura e da escrita. Dentre os estudos discutidos, destaca os de Bradley e Bryant (1978 e 1983), de Bryant e Bradley (1985 e 1987) que, de certa forma, serviram de referência para os estudos desenvolvidos no Brasil. Segundo Morais (1997), a relação postulada entre consciência fonológica e o bom desempenho em leitura foi obtida por meio de um estudo de caráter longitudinal, "[...] onde os autores testaram 400 crianças na habilidade de categorizar sons antes delas terem ingressado na escola primária e, relacionaram os resultados obtidos com o progresso em leitura e escrita, quatro anos mais tarde" (ibid., p. 50).

Como no estudo de Cardoso-Martins (1995), esses autores submeteram crianças com idade entre quatro e cinco anos, que não possuíam o domínio da escrita e da leitura, a testes de consciência fonológica, cujo objetivo era medir suas habilidades de identificar sons iniciais, finais e no meio de palavras. Além disso, realizaram com as crianças testes de memória e inteligência verbal, de modo a excluir interferências nos resultados do estudo. Após quatro sessões desses testes, segundo Morais (1997), as crianças foram submetidas a testes de leitura, de escrita e de matemática e os dados evidenciaram alta correlação entre a habilidade de identificar sons e o desempenho em leitura e escrita.

Além desse resultado mais geral, os autores observaram "[...] que independente da idade, as crianças tiveram mais facilidade para os testes de rima (quando o fonema diferente se encontrava no meio e no final das palavras) do que para os testes de aliteração (quando o fonema diferente se encontrava no início das palavras)" (Morais, 1997, p. 51). Com base nesses resultados, os autores organizaram grupos de controle considerando a combinação de idade, inteligência verbal e resultados na categorização de sons. Os grupos foram submetidos a diferentes formas de treinamento: de categorização de sons — rima e aliteração —, de categorização conceitual e um grupo não recebeu nenhum treinamento. Além disso, em um dos grupos, as crianças também foram treinadas

> [...] com a ajuda de letras de plástico. As crianças utilizavam as letras para formarem palavras, sendo que os experimentadores tinham o cuidado de ressaltar os sons comuns com o auxílio dessas letras. Além disso, após a palavra ter sido escrita a criança a decompunha deixando, contudo, intacta a letra que representava o som comum que essa palavra compartilhava com a próxima que ia ser escrita. (Ibid., p. 52)

Ao final desse trabalho, que teve duração de dois anos, os autores concluíram que as crianças que foram submetidas ao treino de categorização de sons foram mais bem-sucedidas em leitura e escrita. As crianças que tinham sido treinadas com a ajuda de letras plásticas tiveram desempenho ainda mais satisfatório e, nesse sentido, o "[...] o treinamento em categorização de sons é mais efetivo quando também se envolve uma conexão com o alfabeto" (Bradley e Bryant, apud Morais, 1997, p. 53). Segundo Morais (1997), os autores realizaram uma outra pesquisa que visava investigar se as crianças que possuíam dificuldades em leitura e escrita tinham também dificuldade na consciência fonológica. Os resultados desse estudo indicaram que a consciência fonológica ou a falta de habilidade de identificar sons têm relação direta com a dificuldade de leitura (Bradley e Bryant, 1987).

Como dito, Morais (1997) questiona a concepção de leitura subjacente aos trabalhos desenvolvidos sobre a relação entre consciência fonológica e aprendizado da leitura e da escrita e argumenta que nos estudos de Bryant e Bradley essa concepção é restrita, pois, segundo Morais (1997, p. 75), esses autores reduzem a leitura ao "[...] reconhecimento de palavras isoladas", ou seja, à decodificação. Outro aspecto mencionado por esse autor diz respeito aos processos de avaliação da leitura.

> Parece-me que esta forma de avaliar a leitura é um tanto artificial e arbitrária. Primeiro, porque a experiência que as crianças têm com o ambiente letrado, é que as palavras, além de possuírem um significado real, estão sempre inseridas num determinado contexto e, possuem sempre uma função. Em segundo lugar, é o contexto que fornece ao leitor as chaves semânticas e sintáticas, além das grafofônicas, que lhe permitem prever, antecipar e confirmar o significado que o texto encerra. (Ibid., p. 75)

O autor questiona, então, o uso de palavras descontextualizadas para avaliar o desempenho em leitura. Ele sugere, desse modo, conforme colocado no seu problema de estudo, uma outra concepção de leitura para orientar o seu estudo, pois, segundo Morais (1997), com base em Kato (1986), os testes propostos às crianças se baseiam em apenas uma das estratégias utilizadas pelos leitores. No caso específico da concepção adotada pelos estudiosos da consciência fonológica, é considerada apenas a estratégia de decodificação. Nesse sentido, o autor expõe a concepção de leitura que orientou o seu estudo: "[...] como sendo a busca de significado, independente das estratégias (sejam elas estratégias de decodificação, ou de previsão, antecipação e confirmação), que o leitor utiliza" (Morais, 1997, p. 76). Assim, considera que sua concepção pode ser situada em um modelo interativo.

Na sua pesquisa, Morais (1997) envolveu 36 alunos da terceira série de escolas púbicas e particulares com a finalidade de *variar o perfil da amostra*. As crianças foram divididas em dois grupos: leitores proficientes, que não apresentavam dificuldades de leitura, e leitores não proficientes, que apresentavam dificuldades de leitura. Elas foram submetidas a testes de desenvolvimento intelectual, de memória auditiva imediata, de consciência fonológica e de leitura. Os dois primeiros testes foram aplicados com a finalidade de selecionar os sujeitos da pesquisa. Dessa forma, segundo o autor, "[...] as crianças que obtiveram, no teste de desenvolvimento intelectual, resultados abaixo ou acima da média para a sua idade, foram excluídas [...] do trabalho" (ibid., p. 77-78). O mesmo ocorreu com as crianças que apresentaram resultados abaixo da média esperada para sua idade nos testes de memória auditiva imediata de modo a controlar influências negativas dessas variáveis no teste de consciência fonológica.[8] Nos testes usados para avaliar a consciência fonológica, foram utilizadas, no primeiro experimento, séries de palavras para identificação de sons compartilhados entre elas (finais, iniciais e no meio). Desse modo, esses experimentos não diferiam daqueles utilizados por Bradley e Bryant (1978 e 1983). No segundo experimento, as crianças eram estimuladas a produzir palavras que rimavam com a palavra-estímulo e palavras que possuíam o mesmo som (sílaba ou fonema de uma palavra-estímulo). As respostas corretas foram quantificadas. No terceiro experimento, as crianças foram submetidas à tarefa de realismo nominal que consistiu em estimular as crianças a dizer palavras grandes e pequenas, justificar as indicações e escolher entre duas

8. O teste usado para a medida do desenvolvimento intelectual foi o mesmo empregado por Cardoso-Martins (1991). Entretanto, Morais (1997), diferentemente dessa autora, utilizou as normas brasileiras de administração individual. O subteste utilizado para medir a memória auditiva foi Números (dígitos) do WISC — Wechsler Intellingence Scale for Children.

palavras ditas pelo autor qual era a grande e qual a pequena e, em seguida, justificar a escolha.[9]

A avaliação da leitura ou a classificação dos leitores em proficientes e não proficientes foi feita a partir do teste de *Cloze*. Segundo o autor, essa técnica

> [...] foi proposta por Taylor em 1953 e, seu nome originou-se do conceito de "closure", que significa fechamento, "termo utilizado em psicologia gestáltica significando uma tendência humana para completar mentalmente uma figura, através do enquadramento desta num dado modelo familiar". (Morais, 1997, p. 81)

Após discorrer sobre as vantagens, tipos de utilização desse teste e sobre o seu uso por outros estudiosos, o autor diz que utilizou o teste do *cloze* em sua forma tradicional, "[...] onde a palavra omitida ocorrerá a cada cinco vocábulos, sem se levar em consideração as classes de palavras sobre as quais recai a omissão. Além disso, a omissão dos vocábulos iniciar-se-á no segundo parágrafo e terminará no penúltimo parágrafo do texto" (ibid., p. 83). Os alunos participantes da pesquisa passaram por um treinamento com essa técnica, antes de serem avaliados em leitura.

Os resultados do estudo confirmam os resultados de outros trabalhos de que existe *uma forte correlação entre a leitura e a consciência fonológica*. No entanto, conforme assinala o autor, os leitores não proficientes, diferentemente dos estudos de Bradley e Bryant (1978 e 1983), tiveram maior dificuldade nos testes de rima e ambos os grupos tiveram resultados mais baixos exatamente nesse aspecto, o que leva o autor a inferir que a distinção do desempenho das crianças dos dois grupos pode ser atribuída aos testes de rima, especialmente naqueles que envolviam os sons finais.

Nesse sentido, mesmo que o estudo não confirme que a capacidade de identificar sons finais está ligada à proficiência em leitura, confirma que a capacidade de detectar rima mantém essa relação em situações em que

9. A tarefa de realismo nominal foi extraída de Carraher e Rego (1981).

são usadas técnicas de medição de níveis de leitura, baseadas na omissão de palavras em textos. Certamente, a técnica utilizada pelo autor articula outras estratégias de leitura, mas, dependendo da escolha dos textos, pode fazer com que a criança faça uso apenas das informações constantes no próprio texto sem que possa articular conhecimentos sobre o assunto ou significados já conhecidos. Contudo, o trabalho do autor é importante, pois questiona a concepção de leitura subjacente aos testes utilizados em trabalhos que evidenciam uma relação de causalidade entre consciência fonológica e aprendizado da leitura. A crítica também é válida para os testes de escrita.

Assim, o estudo de Morais confirma resultados de pesquisas anteriores e afirma a existência de outros tipos de consciência fonológica além da fonêmica. Nesse sentido, Cardoso-Martins (1995) assinala que, na década de 1990, alguns estudos desenvolvidos por Bryant e colaboradores, da Universidade de Oxford, sugeriram, além da consciência fonêmica, a existência de outros tipos de consciência fonológica que exercem papel importante no desempenho em leitura e escrita em uma ortografia alfabética. Segundo Cardoso-Martins (1995), a habilidade de identificar rima[10] tem sido apresentada como um tipo de consciência fonológica que auxilia o processo de aprendizagem da leitura e da escrita. Em outras palavras, a autora diz que os estudos de Bryant e colaboradores concluem que a capacidade de detectar rima tem relação com o progresso na aprendizagem da leitura e da escrita, sendo particularmente importante nos estágios iniciais de aprendizagem. Com base nessa perspectiva, a autora se propõe a realizar estudos com a finalidade de examinar a capacidade de crianças com habilidade de detectar rima e de analisar a ortografia das palavras impressas.

De acordo com Cardoso-Martins (1995, p. 105), os estudos de Goswami (1993), Goswami e Bryant (1990), Goswami e Mead (1992) sugerem

---

10. Segundo Rego (1995, p. 91), a rima "[...] é um dos segmentos da sílaba. A sílaba pode ser dividida em "ataque" que corresponde à consoante ou ao grupo de consoante inicial e "rima" que é a parte final da sílaba. Este tipo de segmentação é muito saliente no inglês e facilmente identificado pelas crianças. Os monossílabos podem ser segmentados da seguinte forma: b-ed para "bed" e pl-ay para play. No caso da palavra book, o segmento "ook" corresponde à rima".

> [...] que a conexão entre a habilidade de detectar rima e aprendizagem inicial da leitura poderia ser explicada pelo uso de analogias ortográficas. Na leitura, uma analogia envolve o uso da conexão entre a ortografia e o som de uma palavra para inferir a pronúncia de uma palavra desconhecida que apresenta um padrão ortográfico semelhante.

Nesse sentido, nos experimentos desenvolvidos por Goswami, pôde-se verificar que as crianças eram capazes de ler palavras desconhecidas por analogia a outras palavras e essa capacidade não pressupõe quaisquer habilidades fonêmicas. Nessa direção, segundo Cardoso-Martins (1995, p. 106), "[...] a hipótese de Goswami pressupõe que as crianças são capazes de analisar a ortografia de uma palavra com base em sua habilidade de detectar rima. Um aspecto crucial do seu argumento diz respeito às operações fonológicas subjacentes à habilidade de detectar rima". De acordo com a autora, com base nos estudos de Goswami e outros, essa habilidade baseia-se na capacidade de *isolar um segmento fonológico compartilhado por palavras que rimam* e pode auxiliar "[...] a criança a segmentar corretamente a ortografia, na ausência de habilidades analíticas de decodificação letra-som" (ibid., p. 107).

Cardoso-Martins (1995, p. 107) relata os resultados de dois estudos desenvolvidos. O primeiro teve por finalidade

> [...] avaliar a habilidade das crianças de inferirem como a rima é representada na ortografia pouco antes do início da alfabetização. Em particular, o estudo avalia a habilidade de não-leitores e leitores iniciantes, que não apresentavam sinais de decodificação na leitura de palavras isoladas, de identificar uma palavra-alvo em duas condições diferentes: após terem observado a leitura, pelo experimentador, de uma palavra-estímulo que rimava e compartilhava a mesma seqüência final de letras com a palavra-alvo, e na ausência de qualquer palavra-estímulo.

As crianças pré-leitoras e leitoras iniciantes capazes de detectar rimas, participantes do estudo, foram submetidas a baterias de testes e os resultados do estudo sugerem, segundo a pesquisadora, que a habilidade de detectar rimas não auxilia a identificação de palavras impressas que rimam com palavras conhecidas. As crianças fizeram escolhas nas tarefas de identificação com palavra-estímulo de palavras-testes que possuíam a mesma letra inicial da palavra-estímulo. Tendo em vista o resultado desse primeiro estudo, a autora realizou um segundo. Nas tarefas realizadas pelas crianças, tentou diminuir as saliências das letras iniciais das palavras impressas de modo a levá-las a voltar a sua atenção para a seqüência final das palavras. Entretanto, os resultados do segundo estudo não foram diferentes do primeiro e ambos não confirmam a hipótese de Goswami quanto à capacidade das crianças que detectam rimas *de fazer analogias ortográficas entre palavras que rimam*. A autora argumenta, entretanto, sobre a possibilidade de as crianças participantes do estudo de Goswani já possuírem capacidade de decodificação letra-som, tendo em vista que os resultados dos estudos de Ehri e Robbins (1992) sugerem que a capacidade de fazer analogias possui como requisito a habilidade de decodificação. Em outros termos, evidenciam que outro tipo de consciência fonológica, como a capacidade de detectar rimas, não auxilia na elaboração de analogias ortográficas e que essa capacidade exige uma certa capacidade de decodificação letra-som.

Se os trabalhos discutidos buscam, sobretudo, demonstrar, por meio de experimentos, a relação de causalidade entre consciência fonológica e aprendizado da leitura e da escrita, o trabalho de Rego (1995) buscou evidenciar a relação entre os níveis de evolução de escrita propostos por Ferreiro e Teberosky (1989) e o desempenho em leitura. Usando as palavras da autora, ela se propõe a

> [...] investigar as conexões entre o desenvolvimento da leitura e o da escrita a partir da abordagem psicogenética desenvolvida por Ferreiro & Teberosky (1979) ao descreverem os estágios evolutivos percorridos pelas crianças até atingirem uma compreensão do princípio alfabético. (Rego, 1995, p. 72)

Nesse sentido, discute trabalhos que antecederam os seus estudos, citando especialmente o estudo de Frith (1985), Bradley e Brayant (1980), Seymour e Elder (1986) e Gough, Juel e Griffith (1992) etc. Começa, então, a análise desses estudos dizendo que o trabalho de Frith (1985), com base em evidências de estudos experimentais, "[...] formalizou um estágio logográfico para a leitura" (Rego, 1995, p. 73), isto é, esse autor acredita que essa fase se desenvolve por meio da utilização de "[...] pistas visuais de diferentes naturezas, como o tamanho da palavra, alguma letra ou grupo de letras em particular" (ibid., p. 71). Além dessa primeira fase, do desenvolvimento da língua escrita, Frith, conforme aponta Rego (1995), propôs mais duas: as fases alfabética e ortográfica. Entretanto, Rego (1995) discute e se contrapõe, influenciada pela teoria psicogenética de evolução da escrita, à existência de uma fase logográfica de escrita.

Assim, de acordo com a autora, Frith (1985, p. 72-73) acredita que as crianças "[...] lêem logograficamente e podem até escrever algumas palavras dessa maneira também, isto é, sem fazer conexões entre as letras e a estrutura fonológica das palavras", porém o ingresso da criança na segunda fase (alfabética) "[...] ocorre primeiro em relação à escrita e só posteriormente se transfere para a leitura" (ibid., p. 73). Dessa forma, segundo Rego (1995), esse autor prevê, no seu modelo de desenvolvimento da língua escrita, um *divórcio inicial entre leitura e escrita*. A autora discorda desse posicionamento e, por isso, como será visto, se propõe a mostrar que os níveis de escrita mantêm correlação com o desempenho na leitura no início da aprendizagem da leitura e da escrita.

O suporte empírico que sustenta a conclusão de Frith, segundo Rego (1995, p. 73), veio

> [...] de dois tipos de evidência considerados [...] na formulação do seu modelo. O primeiro tipo de evidência foi a pesquisa de Charles Read (1971, 1986) com crianças americanas pré-leitoras, na qual ele constatou que crianças em idade pré-escolar são capazes de lidar com o princípio alfabético de uma forma não convencional, quando inventam escritas fonéticas.

Porém, segundo Rego (1995, p. 73), esse autor "[...] não se preocupou em estudar como as crianças chegam a elaborar estas escritas fonéticas, nem estudou sistematicamente as relações dessas escritas com a leitura". A outra evidência empírica considerada por Frith na construção do seu modelo sobre o desenvolvimento da língua escrita foram os experimentos realizados por Bradley e Bryant (1980) com crianças inglesas, na fase inicial de aprendizagem da escrita. De acordo com Rego (1995, p. 73), esses autores solicitaram às crianças que escrevessem e lessem em ocasiões distintas listas de palavras regulares e irregulares e concluíram que "[...] apenas as palavras regulares [...] podiam ser lidas e escritas com base no conhecimento das correspondências letra-som". Nesse sentido, segundo Rego (ibid., p. 74), os autores evidenciaram discrepâncias entre a leitura e a escrita, pois havia palavras que as crianças liam, mas não conseguiam escrever, e vice-versa, e verificaram "[...] que, geralmente, as palavras que as crianças conseguiam ler, mas escreviam incorretamente eram palavras irregulares, enquanto as que elas escreviam corretamente, mas liam incorretamente eram palavras regulares". Além disso, concluíram que as crianças, leitoras iniciantes, privilegiam as estratégias visuais na leitura. Um segundo estudo desses autores confirmou que as crianças, aprendizes iniciantes, efetuam leitura logográfica e escrevem fonologicamente.

De acordo com Rego (1995, p. 74), Seymour e Elder (1986), com base no pressuposto da existência de um estágio logográfico na leitura, mas considerando-a resultado de métodos de ensino da leitura que incentivam o uso de estratégias visuais de leitura,

> [...] conduziram um estudo longitudinal com um grupo de crianças durante o seu primeiro ano de alfabetização. Estas crianças estavam aprendendo a ler através de um método global. Neste estudo, os autores utilizaram um conjunto de tarefas através das quais buscavam evidências que suportariam a emergência de um estágio logográfico de leitura.

Os resultados do estudo, segundo Rego (1995), indicaram a existência de uma fase logográfica de leitura e o uso de estratégias visuais. Contudo, conforme Rego (ibid., p. 75), "[...] a hipótese de um divórcio inicial entre a leitura e a escrita bem como a possibilidade de um progresso de leitura através da rota visual, como propõem os adeptos do estágio logográfico, vem sendo contestada por alguns autores". Gough, Juel e Griffith (1992), por exemplo, questionam as conclusões de Bradley e Bryant (1980) quanto à dualidade de estratégias para a leitura e a escrita, ou seja, questionam a conclusão de que as crianças utilizam estratégias fonológicas na escrita e visuais na leitura, mas, de acordo com Rego (1995, p. 76), "[...] mantiveram a hipótese de que a aprendizagem inicial da leitura é visual e se apóia num processo de associação seletiva através da qual a criança busca traços numa palavra que a distingam das outras palavras já conhecidas pela criança". Contudo, essa fase, para os autores, não dura por muito tempo, pois as possibilidades de encontrar marcas visuais distintivas são restritas e, logo, a criança passa para a segunda fase alfabética em que considerará as relações letra-som. Antes, porém, do início da segunda fase, as crianças só poderiam escrever palavras memorizadas. Nesse sentido, os autores questionam a dualidade de estratégias, mas mantêm a idéia de existência de uma fase logográfica no desenvolvimento da língua escrita.

Dessa forma, Rego (1995, p. 76) diz que o primeiro estudo que questionou essa fase de desenvolvimento da leitura é o de Ehri e Wilce (1985). Nesse sentido, "[...] para essas autoras, o desenvolvimento da leitura envolve, desde os seus primórdios, o processamento de relações entre letras e sons mesmo que este processamento seja incompleto". Dessa forma, avaliaram

> [...] a habilidade de crianças do jardim de infância [...] para aprender a ler dois tipos de ortografias: ortografias fonéticas [...] e ortografias visuais, nas quais não havia pistas fonéticas, as letras nada tinham a ver com os sons nas palavras, mas as formas das letras numa mesma palavra e de uma palavra para outra eram visualmente diferenciadas. (Rego, 1995, p. 77)

Os resultados do estudo indicaram, segundo Rego (1995), que o desenvolvimento da leitura tem correlação com a habilidade de fazer uso de pistas grafofônicas. Ainda de acordo com essa autora, a fase logográfica de leitura também foi questionada por Stuart e Coltheart (1988). A autora reconhece a importância desses estudos e concorda com eles quanto à não-existência de uma fase logográfica na leitura em crianças falantes do inglês, mas argumenta que esses estudos não examinaram "[...] a relação entre o desenvolvimento da escrita e o da leitura" (Rego, 1995, p. 78).

Nesse sentido, o seu estudo, conforme mencionado, teve por finalidade investigar "[...] a relação entre a compreensão que crianças falantes do inglês demonstravam do princípio alfabético, através de sua escrita espontânea, e o desempenho em leitura após freqüentarem uma classe de alfabetização" (ibid., p. 78). Participaram da pesquisa 57 crianças que freqüentavam a primeira série de escolas da rede pública da cidade de Oxford. As crianças foram avaliadas em dois momentos consecutivos, no meio e ao final da primeira série. A idade média dos sujeitos era de cinco anos e seis meses no primeiro momento e cinco anos e onze meses no segundo momento. Desse modo, o tempo entre a realização dos experimentos foi de quatro meses. O procedimento utilizado na coleta de dados envolveu duas sessões de testagem. No primeiro teste, as crianças escreveram catorze palavras usando letras plásticas, o que, segundo a autora, evitava que elas se cansassem de realizar o teste. Um entrevistador gravava os comentários da criança durante a tarefa e registrava com lápis as palavras compostas com letras plásticas. No segundo teste, as crianças realizaram a mesma tarefa seguindo os mesmos procedimentos e "[...] foram submetidas a um teste padronizado de leitura de palavras (The Schonell Graded Word Reading Test)" (ibid., p. 81).

O exame dos dados coletados consistiu em "[...] identificar [...] os níveis de compreensão do princípio alfabético nas duas ocasiões de testagem" (ibid., p. 81) e "[...] verificar que conexões existem entre o desenvolvimento da concepção de escrita e a aprendizagem inicial da leitura neste grupo de crianças" (ibid., p. 81-82). Assim, a análise do desenvolvimento da escrita das crianças inglesas evidenciou a existência de quatro níveis de desempenho na escrita. O critério utilizado para definir se a criança pertencia a um determinado nível foi a evidência de 50% das escritas serem classificadas naquele nível. A autora descreve os níveis da seguinte maneira:

> No nível 1, não havia uma relação sistemática entre as letras e os sons nas palavras. Quando uma criança produzia dez palavras desta maneira, a tarefa era interrompida [...].
>
> No nível 2, predominava na escrita das crianças a representação do primeiro som [...].
>
> No nível 3, além da representação do primeiro som, a criança acrescentava a representação de outros segmentos fonológicos, que eram, preferencialmente, o último som da palavra [...].
>
> No nível 4, a criança passa a fazer representações mais completas das palavras, embora, não convencionais. Este é o nível alfabético propriamente dito [...]. (Rego, 1995, p. 82-86)

A seqüência de desenvolvimento dos níveis de escrita das crianças considerando os dois momentos do ano escolar indicou, segundo a autora, que as crianças inglesas iniciam a fase de fonetização da escrita no momento em que passam a representar o primeiro som das palavras com possibilidades, conforme mostra a figura (ibid., p. 87), de as crianças não passarem pelos quatro níveis enumerados. Contudo, o objetivo da autora era buscar as relações entre os níveis de escrita identificados e o desenvolvimento da leitura de modo a se contrapor à idéia de um divórcio entre esses processos e, também, a confirmar a hipótese de que os níveis de escrita ajudariam ou, usando as palavras da autora, *seriam bons preditores do desempenho em leitura*. Com base em sua análise, Rego (1995) concluiu que existe uma correlação entre os níveis evolutivos da escrita identificados e o desempenho na leitura.

Assim, as conclusões da autora podem ser resumidas da seguinte maneira: os níveis de evolução da escrita, verificados por Ferreiro e Teberosky (1989), não foram observados nas escritas de crianças falantes da língua inglesa. A autora argumenta que isso se deve às

> [...] características da estrutura fonológica desta língua como as suas regularidades ortográficas. No inglês, a representação das consoantes é menos inconsistente do que a das vogais e os sons consonantais são foneticamente mais salientes na pronúncia das palavras, podendo as consoantes funcionarem muitas vezes como núcleos das sílabas. (Rego, 1995, p. 97)

Outra conclusão diz respeito à correlação entre os níveis de escrita e o desempenho na leitura. A autora observou a existência dessa correlação entre os diferentes níveis de escrita encontrados e o desenvolvimento da leitura. Nesse sentido, Rego (1995) concluiu ainda que a quase inexistência de leitores que não evidenciaram nenhuma compreensão de que as letras representam os sons da fala possibilita questionar a existência de uma fase logográfica na leitura, pois, para ela, é necessária uma mínima compreensão das relações entre sons e letras para que as crianças iniciem o desenvolvimento da leitura. Dessa forma, os resultados do seu estudo não são coerentes com outras pesquisas que apontam a existência de estágios diferenciados para o desenvolvimento da leitura e da escrita, pois esses estudos desconsideram etapas evolutivas intermediárias entre o processo baseado em pistas visuais e o grafofônico.

Os estudos que tenho realizado (Gontijo, 2002 e 2003) não permitem ainda argumentar sobre a existência de uma fase logográfica na leitura, baseada em pistas visuais. Entretanto, como será visto, as crianças, ao escreverem sentenças, buscaram relacionar unidades na escrita (letras) com unidades lexicais. O estudo de Ferreiro (1990a) evidenciou a tentativa em crianças falantes do espanhol de corresponder uma letra e palavra (escritas unigráficas). Entretanto, como discutido, essa estratégia não se generaliza. A pesquisa de Rego (1995) envolvendo crianças usuárias da língua inglesa demonstra que as primeiras tentativas sistemáticas foram de relacionar o primeiro som das palavras com a letra inicial. Os exemplos apresentados pela autora demonstram que as crianças participantes do seu estudo, cujas escritas foram classificadas no nível 2, conheciam a letra correspondente ao som inicial. Os exemplos de escrita do nível 1 demonstram que as crianças conheciam as letras, faziam uso delas para escrever, mas não dominavam a letra convencional usada para representar quaisquer sons. Nesse sentido, é importante observar que os tipos de tarefas (registro de palavras e leitura das escritas) não permitiam que as crianças utilizassem pistas visuais para efetuar tentativas de leitura.

De acordo com minha leitura, a autora também não parece ter levado as crianças a explicar por que liam determinadas palavras consideradas pela autora "diferentes das que haviam sido solicitadas a ler". Ela somente considerou como possibilidade de leitura as palavras ditas pelas crianças que se baseavam em alguma inferência de relação com unidades sonoras. Por isso, acredito que os dados não são suficientes para questionar a fase logográfica de leitura. Eles apenas permitem correlacionar as estratégias de leitura criadas pelas crianças e os níveis de escrita no momento em que as crianças já conhecem letras e alguns de seus correspondentes sonoros. Quanto à existência de estágios diferenciados para a leitura e a escrita, a autora considera que Nunes (1990) dá uma explicação interessante para a questão, ao discutir que existem diferenças entre "o saber o que fazer" e "saber fazer".

Nunes (1990, p. 25), ao discutir as "[...] lacunas do construtivismo enquanto teoria psicológica da leitura e da escrita", assinala que

> [...] uma teoria psicológica não pode limitar-se a explicar as concepções de leitura da criança. É necessário explicar também como a criança executa a

leitura e a escrita. A diferença entre "saber o que fazer" e "saber fazer" não é uma diferença trivial.

Nesse sentido, para Nunes (1990), "saber fazer" vai além de "saber o que fazer" com a linguagem escrita. Uma criança pode saber que usamos as letras para representar fonemas, mas pode não conseguir, segundo a autora, analisar as seqüências fonêmicas; em outras palavras, pode não possuir a habilidade de efetuar a análise fonológica das palavras. Dessa forma,

> [...] as relações entre a concepção de escrita e "o saber fazer" necessário à execução de uma boa leitura não são analisadas em uma teoria construtivista, pois não há lugar em uma teoria do conhecimento para a análise do desenvolvimento de habilidades executivas. (ibid., p. 25)

A leitura seria, segundo a autora, uma atividade executiva que requer a análise de constituintes sonoros das palavras. Afirma ainda que uma segunda lacuna do construtivismo seria a posição da existência de diferenças entre leitura e escrita. Nesse sentido, argumenta que essas diferenças não encontram explicações em uma teoria construtivista, pois "[...] o determinante principal da leitura e da escrita é único: a concepção de leitura e escrita que a criança tem" (ibid., p. 25). Sendo assim, conforme aponta Rego (1995), a partir das ponderações de Nunes (1990), os processos executivos envolvidos na leitura e na escrita são diferentes e, desse modo, os trabalhos que postulam um divórcio inicial entre leitura e escrita se referem apenas aos aspectos executivos, ao "saber fazer".

Apesar de algumas diferenças entre os estudos discutidos, todos concordam sobre a existência de correlação entre a consciência fonológica e o aprendizado da leitura e da escrita. Entretanto, há discordância (se forem considerados outros estudos) quanto ao tipo de unidade fonológica que tem relação positiva com o desempenho na leitura e na escrita. Delfior (1998, p. 12) assinala,

> Embora alguns autores (Jiménez e Ortíz, 1995) considerem como unidades fonológicas as palavras, as sílabas e os fonemas e defendam a existência de uma consciência léxica, uma consciência silábica e uma consciência fonêmica

como partes da consciência fonológica, a maioria dos autores estão de acordo que a consciência fonológica se refere às unidades que compõem as palavras, portanto às sílabas e fonemas (Gombert, 1990; Morais, Alegria e Content, 1987). Atualmente, está em discussão se também incluiria a consciência das unidades intra-silábicas, chamadas onset (arranque) e rima (ver Goswami e Bryant, 1998). Outros, como Tunmer e Rohl (1991), só aceitam o fonema como objeto de estudo da consciência fonológica. (Tradução minha)

Penso que este trabalho pode contribuir com a elucidação de quais unidades fonológicas as crianças começam a tomar consciência durante o percurso de apropriação da linguagem escrita, sem com isso pretender concluir sobre qual unidade tem maior ou menor importância no aprendizado da leitura e da escrita. Na realidade, acredito que a capacidade de análise das unidades constituintes da fala pelas crianças integra esse processo e, portanto, é necessária a aprendizagem da leitura e da escrita. Entretanto, é extremamente complicado tentar, como proposto por alguns autores, que o desenvolvimento dessa capacidade ocorra por meio de treinamento mecânico e sem consideração aos modos como as crianças, ao longo do seu desenvolvimento, elaboram os conhecimentos sobre a escrita.

Outro aspecto em que há discordâncias, segundo Morais (1997), diz respeito à relação entre consciência fonológica e aprendizado da leitura e da escrita. A análise dos estudos discutidos anteriormente sugere a idéia de uma relação causal entre consciência fonológica e aprendizagem da leitura e da escrita. Nesse sentido, a consciência fonológica seria um requisito para o bom desempenho em leitura e escrita (Bryant e Bradley, 1978 e 1983). Entretanto, alguns estudiosos questionaram essa relação de causalidade e essa questão foi objeto de debate na década de 1980, entre Bertelson et al. (1983) e Bradley e Bryant (1983).[11] Do outro lado, Bertelson et al. (1985) defendiam que a aprendizagem da leitura e da escrita levaria ao desenvolvimento da consciência fonológica. Esse debate foi, segundo Delfior (1998), qualificado por Torneus (1984) como o problema *do ovo e da*

11. Para uma análise pormenorizada desse debate, remeto os leitores ao trabalho de Morais (1997, p. 56-65).

galinha. Na realidade, esse último autor queria evidenciar, por meio dessa expressão, a inutilidade desse debate e de posturas tão radicais.

Agora, serão focalizadas as análises das observações sobre os processos que se desenvolveram nas crianças participantes deste estudo, quando começaram a relacionar letras e unidades constituintes da linguagem oral. Nas situações que serão examinadas, será verificado que elas analisavam diferentes constituintes da linguagem.

Inicialmente, será examinado, como se desenvolveu o trabalho de registro realizado por AC das sentenças do texto. Ao anotá-las, ela utilizou um dos lados da folha de papel. Depois escreveu de baixo para cima, aproveitando o espaço que sobrou no lado esquerdo da folha. As marcas colocadas embaixo de cada letra indicam como a criança apontou as letras ao ler o texto:

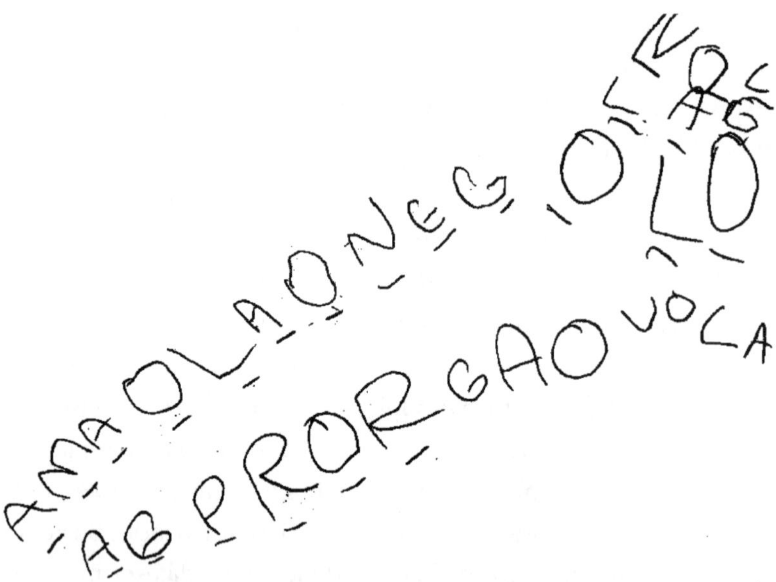

Animal de estimação
Queria papagaio, mas só que a minha mãe não tem dinheiro.
Ela recebeu e comprou só um chinelo para mim.
Meu pai bate Gazeta.
E quando ele recebeu, comprou um chinelo para mim.
e me deu um real para (comprar coisas).
(Texto de AC, setembro de 2002)

Como pode ser lido, a criança gostaria de ter um papagaio, porém sua mãe e seu pai não tinham dinheiro para comprar o papagaio. Ela disse que seu pai "bate Gazeta", ou seja, entregava o jornal *A Gazeta* nas casas dos assinantes ou o vendia nos sinais de trânsito. AC mencionou a atividade profissional do pai, talvez, para explicar por que ele não poderia comprar o papagaio. O modo como a criança efetuou o registro das sentenças do texto chama a atenção para um tipo interessante de relação entre a escrita e as sentenças pronunciadas.

P — Animal de estimação.

C (*Olha a folha de papel.*)

P — Começa aqui. (*Indica o início da página.*)

C — Começar o quê?

P — Escrever animal de estimação.

C — A (*registra a letra A*) ni, ma, é o M (*registra as letras MAOLAONEG*).

P — (...) Queria ter um papagaio.

C — Que ria. (*Escreve as letras AGPROR, pronuncia a frase enquanto escreve.*)

P — Mas só que a minha mãe não tinha dinheiro.

C — Mas só (G) que a minha mãe (A) não tem dinheiro (O).

P — Ela recebeu e comprou só um chinelo para mim.

C — Ela recebeu e comprou só um chinelo para mim. (*Registra as letras VOLA.*)

P — Meu pai bate Gazeta.

C — Meu pai bate Gazeta. (*Escreve as letras OLO.*)

P — E quando ele recebeu... comprou um chinelo para mim.

C — E quando ele recebeu... comprou um chinelo para mim. (*Escreve LAG.*)

P — E me deu um real para eu comprar coisas.

C — E me deu um (*registra a letra L*) real para. (*Registra VOL.*)

AC, ao escrever o título do texto, registrou a letra A da primeira palavra e a letra M da sílaba "ma". Esses registros ocorreram no momento em que pronunciou as sílabas da palavra animal. Porém, ela não continuou a efetuar ou pronunciar separadamente as sílabas que compõem as palavras do texto e se limitou a repetir cada frase e a escrever uma quantidade de letras correspondentes ao tempo que gastava para repeti-las ou pronunciá-las. Ao final, na última frase, pronunciou o numeral um em voz alta e registrou a letra L. Assim, foi observado um primeiro tipo análise efetuada pela criança: de parte das unidades silábicas que compunham as palavras do título. Dessa análise resultou uma relação entre o escrito e o oral que se fez entre uma letra e uma sílaba. Em seguida, a criança abandonou esse procedimento e passou a pronunciar as frases de forma mais lenta ou mais vagarosamente e escrever letras. O tempo gasto para pronunciar a sentença era o mesmo tempo usado para produzir a seqüência de letras. Nesse sentido, é possível pensar em uma relação entre ritmo das sentenças e escrita.

Luria (1988, p. 163) assinala que os primeiros traços de diferenciação nas escritas dos sujeitos participantes da sua pesquisa envolveram "[...] um reflexo do ritmo da frase pronunciada no ritmo do signo gráfico". Desse modo, a produção gráfica "começou a refletir [...] o ritmo da frase apresentada: as palavras simples começaram a ser escritas como simples linhas, e as sentenças eram expressas por longos e complicados rabiscos, refletindo, às vezes, o ritmo da sentença apresentada" (Luria, 1988, p. 163). Na situação observada neste estudo, o ritmo impresso pela criança ao pronunciar a frase condicionou a quantidade de letras a ser escrita, mas também essa quantidade de letras foi definida pelo espaço que possuía para escrever. Desse modo, a situação sugere uma tentativa de sincronia entre o tempo gasto na emissão verbal da sentença e o tempo gasto para produzir a escrita. Parece-me que é possível pensar que a criança tentou estabelecer um tipo de relação ainda muito primário entre os registros e a linguagem oral, considerando o tempo gasto para pronunciar as sentenças que, por sua vez, foi definido por uma pronúncia mais rápida ou mais lenta. Entretanto, a pronúncia não possuía um ritmo silábico.

Ao ser questionada se a escrita auxiliava a recordação do texto, a criança afirmou que sim. Então pedi que lesse o texto. Nesse momento, para minha surpresa, a criança efetuou um tipo de leitura em que apontou letras e, dessa forma, correspondeu letra e sílaba, letras e palavras. O texto elaborado pela criança foi transcrito em seguida e as letras indicadas com o dedo como correspondentes aos enunciados orais estão escritas dentro dos parênteses:

A (A) ni (M) mal (A) de (O) ti (L) ma (A) cão (O)

Eu queria (N) comprar (E) coisas (G) mas só (A) que meu pai (G) me deu um (P) real (R) pra (O) mim comprar (R). Meu pai (O) comprou (L) só (O) um chinelo para mim (*não possível verificar na filmagem onde, mas, de acordo com as marcas feitas no papel, foram as letras LAG e NOL*).

A criança começa a indicar onde estava lendo exatamente onde deu início ao registro do texto. Dessa forma, as primeiras letras mantiveram os valores sonoros que lhe foram atribuídos no momento do registro. Como pode ser verificado, a sua conduta, no momento da leitura, foi semelhante à do momento do registro. Ela começou estabelecendo correspondência entre letra e sílaba, mas, em seguida, não manteve o procedimento. A sua tentativa é de efetuar a leitura em sincronia com o tempo que leva para apontar as letras. Essa afirmação pode ser confirmada pelo fato de deixar de apontar algumas letras e passar a indicar letras que, no momento da escrita, correspondiam às últimas sentenças anotadas. Entretanto, como pode ser notado, ela apenas rememorou o texto, mesmo que mantivesse uma atitude de quem consulta as marcas gráficas para lembrar. Como mencionado, o gesto de apontar letras quando liam, era incentivado na sala de aula. Por isso, a criança indicou as letras ao tentar lembrar o texto.

A atividade desenvolvida por J confirma as colocações anteriores. Durante a transcrição da atividade, foi possível evidenciar o momento em que a criança concluía o registro das letras. Ela escreveu, nesse momento, um texto sobre a nova escola. Antes, a criança produziu um texto sobre animal de estimação e, ao registrar esse texto, realizou a tarefa que será analisada posteriormente de outra maneira.

Como pode ser observada, a escrita de J possui traços regulares. Ela produziu conjuntos de letras sem colocar espaços em branco. Como todas as crianças, ela citou muitas coisas boas da escola, como brincar com os colegas, ler e escrever, mas mencionou também que não gosta que as crianças "ficam implicando e batendo nas pessoas".

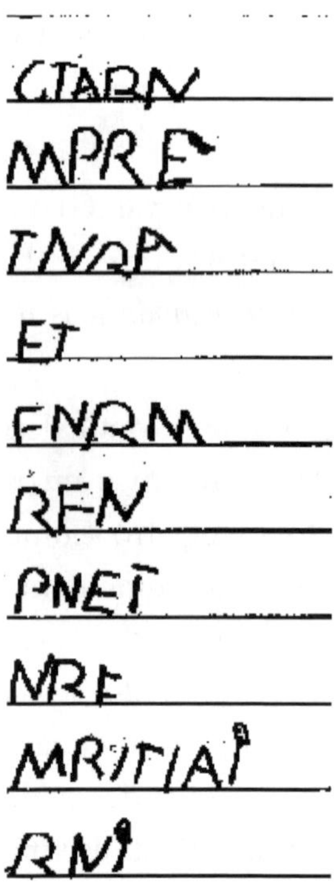

A nova escola
Eu gostei da escola.
Ela é muito bonita.
A escola tem livros.
Eu gosto das pinturas e brinquedos.
Eu não gosto que o colega fica implicando e batendo nas pessoas.
Eu gosto da escola e de todo mundo, mas ficam implicando.
Eu gosto de brincar de casinha com todo mundo,
de ler livro e de escrever.
(Texto de J, março de 2003)

Observei, durante o registro, que a criança repetiu cada sentença, às vezes lentamente, pronunciando sílaba por sílaba das palavras que a compunham. À medida que pronunciava as sentenças, fazia as formas das letras. Havia, portanto, nessa circunstância de escrita, tentativa de corresponder o tempo de registro das letras e o tempo de pronúncia das sentenças. O ritmo impresso à pronúncia das sentenças era silábico. Veja como ocorreu a produção:

P — (...) A nova escola.

C — Que que eu acho?

P — Não... você vai escrever isso que eu estou falando pra você... a nova escola.

C — (*Escreve as letras C e T.*) Aaa nooo (*registra a letra A*) va-i-co (R) la (N).

P — Aí você disse assim pra mim... eu gostei da escola.

C — Escrever aqui?

P — hum... hum...

C — Eu-gos (M) tei (P) da (R) es-co-la (E). (*A criança pronuncia as sílabas enquanto escreve as letras.*)

Desse modo, a transcrição acima não marca tentativas de relacionar sílabas e letras, mas os momentos em que terminava de escrever uma determinada letra. Nesse sentido, a maneira como J escreveu as sentenças do texto é semelhante à forma como AC também as escreveu. A quantidade de letras usadas para escrever cada sentença mantinha relação com o tempo gasto para pronunciá-la. Contudo, diferentemente de AC, ao ser questionada se a escrita poderia ajudá-la a lembrar o que escreveu, de início, respondeu afirmativamente, mas depois disse que não ajudaria "porque eu não sei ler". J demonstrou irritação com o incentivo à leitura e repetiu por duas vezes que não sabia ler.

Que inferências podem ser feitas acerca dessa sincronia entre os enunciados orais e seqüências de letras usadas para compô-los? Em primeiro lugar, os dados sugerem, considerando particularmente o trabalho desenvolvido por AC, que a criança não tem ainda consciência das palavras que constituem as sentenças, porque, tanto durante o registro como na produção, não isolou palavras. Entretanto, ela pronunciou as sílabas de uma palavra (no momento em que registrou o título), mas não conseguiu manter esse tipo de procedimento ao registrar sentenças. Em segundo lugar, sugerem, a partir do trabalho realizado por J, que, no plano oral, a criança é capaz de isolar unidades das palavras, mas não sabia ainda que poderia efetuar correspondências entre unidades da fala e letras. Dessa forma, em terceiro lugar, é possível inferir que as crianças sabiam, nesse momento, que enunciados orais podem ser registrados com letras e com isso tentam estabelecer uma sincronia entre o seu tempo de pronúncia e o tempo de registro.

Como se pode observar, escrever não é uma atividade que visa somente à reprodução dos atos dos adultos quando escrevem e nem somente à reprodução de aspectos formais da escrita. Luria (1988) observou que alguns sujeitos participantes de seu estudo nem sequer esperavam a sentença ou palavra ser ditada para efetuar a tarefa. Nesse caso, escrever era uma atividade que estava desligada dos significados, quase uma brincadeira. Porém, isso não ocorreu com as crianças deste estudo. A atividade de escrita estava associada ao texto que deveria ser escrito e uma das formas de marcar essa relação foi a tentativa de expressar o ritmo das sentenças. Contudo, isso não foi suficiente para que as crianças lembrassem o texto com o auxílio da escrita. Outro dado importante diz respeito à capacidade de J de isolar unidades silábicas de forma sistemática na produção dos enunciados e de ainda não haver nenhuma tentativa de registrar letras correspondentes a essas unidades.

A outra atividade de registro de sentença desenvolvida por J ocorreu de forma muito distinta. Essa atividade aconteceu em momento anterior à escrita das sentenças do texto sobre "A nova escola". O texto produzido oralmente foi sobre "Animal de estimação":

Animal de estimação
Eu queria ter um papagaio.
Os meus cachorrinhos e os meus gatinhos morreram.
Por isso, minha mãe não compra mais.
Minha mae nao tem dinheiro para comprar papagaio.
Ela só tem dinheiro para comprar comida.
(Texto de J, setembro de 2002)

Como a maioria das crianças, J queria ter um animal de estimação. Ela gostaria de possuir um papagaio e era essa a ave que sua colega I havia perdido. J também havia perdido dois animais e, por isso, sua mãe não compraria o papagaio. No entanto, essa não era a única razão para a atitude da mãe. A mãe de J não tinha dinheiro para comprar papagaio. "Ela só tem dinheiro para comprar comida". Assim como J, as outras crianças da classe produziram textos sobre o animal que gostariam de ter, mas concordavam que "comprar comida" era mais importante e que seus pais não tinham condições econômicas para comprar e manter um animal de estimação.

Ao escrever esse texto, J registrou conjuntos de letras que não expressavam significados. Como podem ser observados, os traçados das letras são irregulares, diferentemente da escrita reproduzida anteriormente. Essa configuração da escrita evidencia que a criança não aprendeu ainda que, na escrita, são usados espaços em branco para identificar os constituintes lexicais. Contudo, ao escrever, fez corresponder palavras pronunciadas com uma letra:

P — (...) Animal de estimação.

C — (*Escreve a letra P.*) É assim? Com essa letra aqui?

P — Você acha que é com essa letra?

C — Num sei...

P — Então... continua escrevendo do jeito que você sabe... animal de estimação.

C (*Escreve A O, conta as letras, escreve a letra N, conta as letras novamente.*) — Aqui.

P — Já escreveu?

C — Animal de estimação. (*Lê, mas não aponta a escrita.*)

P — Eu queria ter um papagaio.

C (*Escreve ERB.*) — Aqui... eu queria ter um (*lê apontando as letras e escreve a letra I*) eu queria ter. (*Aponta cada uma das letras ao ler e escreve a letra H.*) Eu queria ter um papagaio. (*Aponta cada uma das letras e, também, as partes em branco e diz ter concluído*).

Como pode ser visto na transcrição, a criança, primeiro, escreveu o título do texto com quatro letras. Não foi observado objetivamente se elaborou relações entre as letras anotadas e as unidades silábicas das palavras que compunham o título, mas ela se preocupou em contar as letras que havia escrito. Em seguida, ao escrever a primeira frase do texto, registrou três letras e efetuou a leitura apontando-as e, desse modo, passou a relacionar cada uma delas com cada palavra que compunha a sentença que estava sendo registrada. Como se pode notar na escrita da primeira frase, a escolha das letras correspondentes às palavras foi aleatória. Assim, pode-se inferir que a criança tomou consciência da unidade palavra ao tentar estabelecer, por meio da leitura, indicações na escrita. Um outro dado que ajuda a pensar esse procedimento de indicação diz respeito ao trabalho na sala de aula. A professora, como mencionado, sempre incentivava as crianças a indicarem, na leitura, onde estavam lendo para verificar que tipo de relação entre o oral e o escrito as crianças estavam elaborando. Foi visto ainda que, após analisar cada palavra da frase a ser escrita e indicar na leitura uma letra correspondente a essas palavras, a criança isolou outros elementos na fala e estabeleceu outras formas de relação entre as letras e esses elementos:

> P — Os meus cachorrinhos e os meus gatinhos morreram.
>
> C — Então eu vou ter que escrever muito mais... eles mamavam mamadeira também... (*Escreve as letras F e L*) vou fazer um L... vou fazer esse L aqui. (*Aponta a letra J em seu nome e escreve as letras J e T, lê e aponta*.) Meus... gati (*aponta a letra F*) nhos... mor... (*aponta a letra J*) réu... (*aponta a letra T*).
>
> P — Escreveu tudo?
>
> C — Falta o cachorro. (*Escreve as letras LTN e lê apontando uma das letras*.) Meus (*aponta a letra L*) cachor (*aponta a letra T*) rinho (*aponta a letra N, registra a letra R e lê*). Meus cachorrinhos (*aponta a letra J*) mor (*aponta a letra N*) réu (*aponta a letra R*).

Assim, ao continuar o registro do texto, J alterou o tipo de relação entre o escrito e o oral, porque passou a isolar outros elementos ao pronunciar os enunciados orais. Nessa situação, não leu determinando somente uma letra para cada palavra, mas indicou uma letra para sílabas e para conjuntos de sílabas pronunciados. É interessante observar que a definição das correspondências não era pensada previamente; isto é, a criança não antecipava quantas letras deveria escrever, mas essa quantidade era pensada / definida no processo de registro mediante o apontamento das letras e, dessa forma, a necessidade de colocação de mais letras se fazia nesse momento.

A partir da análise do trabalho de registro realizado por J, pode-se concluir que a criança não só começou a tomar consciência das unidades que compunham as sentenças e, portanto, a isolar determinados elementos, mas começou, a partir da leitura, a tentar estabelecer relações entre unidades gráficas e unidades das sentenças que eram pronunciadas. Não existia, porém, uma regularidade das unidades que eram relacionadas com as letras. Como pode ser visto, podem ser palavras, conjunto de sílabas e sílabas. Entretanto, ela sempre faz corresponder uma letra às unidades pronunciadas. Nesse sentido, pode-se dizer que o uso de letras leva a criança a tentar estabelecer algum tipo de relação entre a escrita e as unidades da sentença, mas ela não consegue manter uma única unidade lingüística nessa relação. A relação se fez, então, da escrita para o oral, pois a criança efetuou a leitura do que foi escrito. Ao ser questionada se a escrita poderia ajudá-la a lembrar o texto, ela disse que poderia, entretanto, ao ser incentivada a ler, disse que não sabia.

É interessante observar que, nesse trabalho, desenvolvido antes da atividade com o texto sobre a nova escola, J estabeleceu relações entre letras e sílabas, letras e palavras e letras e conjunto de sílabas, porque isolava esses elementos ao pronunciar os enunciados orais. Contudo, durante o registro do texto sobre a nova escola, isolou, na produção dos enunciados orais, somente as sílabas. Isso sugere que as tentativas de relacionar o oral e o escrito são múltiplas e possuem um percurso de desenvolvimento:

O trabalho realizado por GS também é interessante. A criança, diferentemente de J, no texto sobre o animal de estimação, não buscou relacionar letras e elementos da sentença no momento do registro, mas realizou um outro percurso, tentando relacionar unidades da fala e letras. Primeiramente, será examinada a escrita elaborada pela criança.

A escrita produzida por GS, assim como a escrita de J, não expressa os significados anotados. Ainda se pode observar a escrita de letra invertida, como no caso do y. Ele dominava um número reduzido de letras, mas, mes-

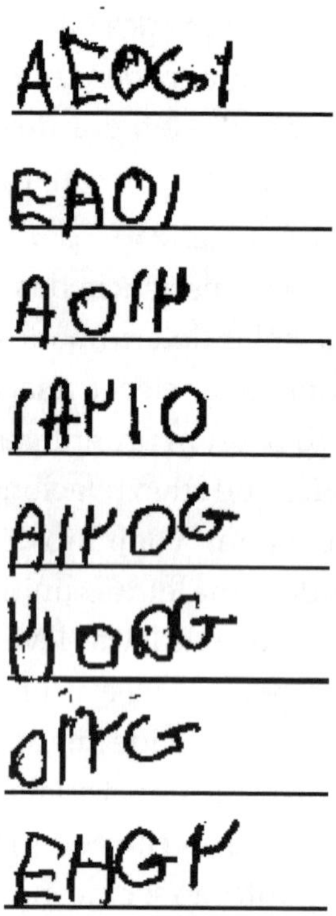

A nova escola
Eu gosto de brincar de pique-alto e pique-esconde
com meus colegas
e descer no escorregador.
A minha escola é bonita.
Ela é nova.
Eu não gosto de ninguém batendo.
Eu gosto de assistir televisão
e ver filmes
(Texto de GS, março de 2003)

mo assim, tentou escrever letras que representavam as vogais pertencentes às sílabas pronunciadas, no início das sentenças e também para algumas palavras.

P — A nova escola.

C — A (*registra a letra A*) no... a no... pode escrever do jeito que quer?

P — Sim... mas lembrando que você vai ler depois o que você escreveu.

C — (*Registra as letras EOGI e sussurra as sílabas da palavra escola.*)

P — Eu gosto de brincar de pique-alto e de pique-esconde com os meus colegas.

C — (*Escreve EAOI e continua a sussurrar sílabas sem que possa ser ouvido.*)

P — Escreveu tudo que eu falei?

C — (*Confirma com um aceno de cabeça.*)

P — E de descer do escorregador.

C — Eu não escrevi aquele pique-alto... não.

A criança escreveu as letras A, E e O. A primeira letra corresponde ao artigo A que inicia o título do texto. As letras E e O representam os fonemas vocálicos das sílabas "es-co" da palavra escola. Nesse caso, a criança escreveu algumas letras que compunham as sílabas pronunciadas, ou seja, representou os sons vocálicos que conhecia, pois, ao isolar as unidades silábicas dessa palavra, conseguiu identificar sons cuja grafia ele conhecia. Dessa forma, a criança identificou sons, especialmente os vocálicos, no início das sentenças e escreveu as letras correspondentes a esses sons. O tipo de correspondência estabelecida é então entre fonema e letra e não entre sílaba e letra, pois, provavelmente, se a criança conhecesse mais letras e seus correspondentes sonoros, ela teria escrito mais letras. No caso de J, ela escrevia qualquer letra e, em seguida, no momento em que realizava a tentativa de leitura, relacionava cada letra com unidades da sentença (sílaba, conjunto de sílabas e palavras). Esse procedimento, conforme evidenciado, é elaborado a partir das próprias intervenções ocorridas na sala de aula. As crianças eram incentivadas a escrever e a indicar as letras para verificação do nível de evolução da escrita.

Assim, o trabalho desenvolvido por GS sugere que o conhecimento de um grupo reduzido de letras possibilita o registro de letras que representam convencionalmente fonemas que compõem a sílaba. A meu ver, uma coisa é escrever letras e, em seguida, tentar relacioná-las com as unidades da fala, e outra é pensar sobre essas unidades e escolher uma letra que corresponda às consoantes ou às vogais pronunciadas. Entretanto, como pode ser visto, essa tentativa não se faz, no início, de forma sistemática, mesmo porque a criança conhecia poucas letras e seus correspondentes sonoros.

É importante notar ainda que, ao ser perguntado se a escrita auxiliava a lembrança do texto, GS disse que sim. Então, ao ser incentivado a efetuar a sua leitura, apontou a escrita de forma global e rememorou algumas sentenças. Dessa forma, a escrita não auxiliou a recordação. Contudo, não é possível desconsiderar o que ocorreu no momento do registro e dizer que não havia tentativas de compor a escrita com letras que representam convencionalmente fonemas. Assim, é possível perguntar: a hipótese silábica não seria decorrente de um tipo de intervenção metodológica que leva a criança a interpretar o texto indicando letras? Mesmo que, nessa circunstância, a criança aponte uma letra para cada sílaba, seria adequada essa denominação quando usa letras convencionais para representar fonemas?

O trabalho de registro do texto realizado por L também será analisado. Ela escreveu a história "Brincando de circo", enquanto todas as crianças de sua classe escreveram sobre as histórias do livro de Eva Furnari:

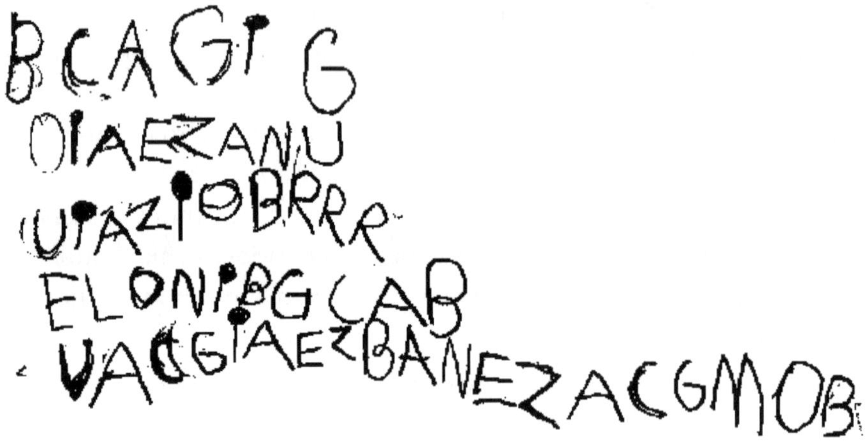

Brincando de circo
O homem estava com a vara se apresentando.
O urso estava em cima da bola rindo, rindo, rindo.
Ele jogou a linha no chapéu.
(Texto de L, agosto de 2002)

No início do trabalho, L observou as figuras do livro que, também, continha escrita e, depois, elaborou o texto sem observá-las. Quando diz que o homem "jogou a linha no chapéu", está se referindo às linhas pontilhadas que graficamente, no texto, indicavam a realização de uma mágica. No entanto, ela não conseguiu elaborar essa interpretação da imagem. Como pode ser visto, a criança conhecia várias letras do alfabeto e, ao escrever o texto, isolava determinadas unidades das palavras e buscava registrar letras convencionais que representassem os fonemas. Na terceira linha, pode ser observado o registro de três erres. Essa escrita é resultado da tentativa de escrever as palavras rindo, rindo, rindo. Um dado interessante é que L, durante o registro, modificou o texto produzido oralmente. Veja como a menina desenvolveu a atividade de registro do texto:

P — O título da história é Brincando de circo.

C — (*Faz alguns gestos e pensa por algum tempo.*) Eu não posso ver o livro... não?

P — Vai adiantar você ver no livro?

C — Não... só pra mim ver (...).

P — Não precisa olhar... você vai escrever do jeito que você sabe.

C — Escrever brincando de circo?

P — Isso.

C — Brin... brin... brin...(*boceja*) ah... é o B (*escreve*).

P — Por que você vai apagar?

C — (*Escreve novamente o B e a letra C.*) Como e o an?

P — Como você acha que é o an?

C — An.

P — O A e o N.

C (*Escreve as letras.*) Aqui tá feio... num tá?

P — Eu num acho que tá feio.

C — O a. (*Escreve a letra A.*)

P — Brincando.

C — (...) Outro D?

P — Hum?

C — Outro D?

P — Brin-can-do.

C — (*Escreve a letra G e murmura.*)

P — Brincando de circo.

C — (*Escreve brincando de circo.*)

P — Você já escreveu brincando... agora...

C — De... de... é o i (*escreve a letra I*) circo... é o I de novo?

P — Brincando...

C — De circo.

C — I... Outro I?

P — É outro I. (*Registra a letra I.*)

C — É brin... can... do... de... cir... o... é o O.

O registro do texto foi lento, porque L fazia muitas perguntas sobre as letras que correspondiam a determinadas sílabas e queria escrever letras que, de fato, representavam convencionalmente os fonemas que pronunciava. Como pode ser visto, ao tentar escrever a palavra brincando, escreveu a letra correspondente ao fonema [B] pertencente à sílaba, pronunciou as duas primeiras sílabas e continuou a representar a segunda sílaba da palavra. Conseguiu lembrar a letra C correspondente ao fonema [K] e perguntou como era o [ã]. Após receber a informação, escreveu somente a letra A. Dessa forma, a criança sabia que existiam outros sons que compunham a sílaba. Ela não os escreveu, porque não sabia quais eram. Ao ouvir a entrevistadora dizer a palavra brincando, concluiu que faltava a letra D, mas registrou a letra G. Entretanto, ao perguntar se era essa a letra e obter como resposta a informação sobre a composição do título completo, começou a efetuar a análise da palavra circo para a qual escreveu duas vogais pertencentes às sílabas dessa palavra. Nesse caso, pode-se inferir que a criança conseguia isolar as sílabas de uma palavra, identificar os fonemas que a compunham e escrever letras convencionais para representá-los. Em outros casos, as crianças escreviam somente letras conhecidas correspondentes a determinados fonemas de uma sílaba. Nessa situação, é importante lembrar que esse procedimento ocorreu em diferentes momentos.

Outro exemplo interessante é a atividade realizada por JO. É importante lembrar que, no primeiro trabalho de registro das sentenças do texto, ele desenhou inicialmente o título do texto e em seguida adotou o procedimento de isolar as sílabas oralmente e grafar uma letra correspondente a essa unidade. Esse procedimento ocorria no momento em que registrava as sentenças. Nessas circunstâncias, a relação foi entre letra e sílaba. Nesse momento, entretanto, a situação se modificou:

A nova escola
A nova escola é legal.
Tem brinquedo e tem mais livrinho.
Eu gosto de brincar lá no pátio e com os fantoches.
Eu gosto um pouco de ler revista,
dos livros mais grandes,
porque os livros pequenos têm poucas páginas.
(Texto de JO, março de 2003)

Como todas as crianças, JO considerava a escola legal. É interessante que ela diz gostar de ler revista e dos livros grandes, "[...] porque os livros pequenos têm poucas páginas". Ecos da fala da professora que os incentivava a manusear livros que tinham textos escritos e não somente desenhos. Também gostava de brincar no pátio e com fantoches. Ao escrever as sentenças do texto, como dito, JO tentou encontrar letras convencionais correspondentes às sílabas pronunciadas. É possível observar ainda que JO compôs o texto com um número reduzido de letras. Ele usou as letras A, I, R, H, B para formar as sentenças do texto.

P — A nova escola.

C — A (*escreve a letra A.*) NO... qual que é o NO... tia?

P — Pensa... qual é o NO.

C — (*Pensa por alguns segundos.*) Acho que é aquele que eu fiz ontem.

P — Se você acha que é... então escreve.

C — Mas só que eu esqueci deles.

P — Esqueceu? (...) Tenta fazer do jeito que você sabe.

C — Mas eu não sei como é que é.

P — Você não sabe?

C — (*Confirma.*)

P — Pensa.

C — É um.

P — Escreve.

P (*Escreve o I.*) Colocar um pauzinho.

P — Continua... você tem que escrever a nova escola.

C — A... no... va... va... é... outro A... a nova escola (*lê apontando as letras e o espaço em branco*) tem três A... a nova escola... falta mais dois... A nova escola... (*Conta as letras fazendo corresponder cada uma às sílabas pronunciadas.*)

P — A escola é legal.

C — A... es... mais tem que escrever até aqui? (*Aponta o final da página.*)

P — Não... só um pouquinho... a escola é legal.

C — A escola é le... agora é... como mesmo?

P — A escola.

C — A nova... outro A... a no va es co la é legal. (*Para cada sílaba pronunciada, aponta uma letra e os espaços em branco necessários para completar a quantidade de letras correspondentes às sílabas.*)

P — É legal.

C — É (R) le (R) a no va es co la é le gal. (*Escreve mais uma letra — R — após efetuar a contagem.*)

Ao iniciar a escrita, JO escreveu as letras A, I e A, repetiu o título vagarosamente e concluiu que as palavras que o compunham possuíam três "as". Então disse que faltavam dois "as" e escreveu as letras A, R e A. Nessa circunstância, foi possível observar que JO pronunciou o título do texto em um ritmo silábico e escreveu quantas letras existiam no título. Um outro aspecto importante a ser ressaltado diz respeito às tentativas de relacionar unidades sonoras (sílabas) com o número de letras. Para isso, se conduzia da seguinte forma: pronunciava as sentenças em ritmo silábico, apontava as letras que tinham sido escritas e indicava, nos espaços em branco, quantas letras faltavam. Nesse sentido, não se conduziu como na primeira atividade, em que pronunciou as sílabas e escreveu simultaneamente letras. Nesse momento, assim como J, à medida que escrevia, decidia sobre o número de letras. Dessa forma, estabeleceu uma relação quase precisa entre quantidade de letras e sílabas das palavras que compunham as sentenças no momento em que as apontava.

Assim, acredito que ocorra uma tentativa de relacionar sílabas e letras. No caso das crianças participantes deste estudo, essas tentativas originavam-se do modo como eram estimuladas a ler e a escrever na sala de aula. Entretanto, quando a criança registra uma letra convencional para representar um dos fonemas da sílaba, não considero que a relação continua a ser entre letra e sílaba e sim entre fonema e letra, pois essa tentativa é mediada pelo conhecimento da forma convencional da escrita.

JA produziu um texto sobre a história intitulada "O telefone":

JA começou a sua história com "era uma vez". É assim que são iniciadas muitas das narrativas que as crianças estavam habituadas a ouvir na sala de aula. Observando a seqüência do texto, é possível verificar que ela seguiu a seqüência dos quadrinhos. Entretanto, a maioria das produções das crianças evidenciou que não conseguiram identificar o processo de transformação ocasionado pela mágica. Compreendiam os sinais ou marcas características da linguagem icônica que indicavam a mágica, mas não percebiam a sua relação com a transformação dos objetos, animais etc. A forma como a criança registrou as frases do texto demonstra o tipo de análise que ela efetuava da linguagem oral e o tipo de relação elaborada entre o escrito e o oral:

P — Era uma vez a bruxinha dormindo.

C — É a letra E (*escreve a letra E*)... e rum ma... e rum... letra U (*escreve a letra U*) e rum ma... a letra A? (*Escreve a letra A.*)

O telefone
Era uma vez uma bruxinha dormindo.
O gatinho ficou fazendo "cosquinhas" nela.
Depois, ele fez uma mágica.
A bruxinha tinha feito hambúrguer para eles comerem e refri para eles beberem.
Quando a bruxinha dormiu, o gato ficou bebendo o refri e comendo do hambúrguer.
(Texto de JA, setembro de 2002)

P — (...) Era uma vez a bruxinha dormindo.

C — Era uma vez a bruxinha du... du... ai... era uma vez a bruxinha dormindo... dormindo... é a letra U? (...) vou fazer assim... (*Circula as letras.*) Eu não gosto que fica assim... porque eu acho que fica muito pertinho... Aí... eu tenho que fazer assim (...) dormino... dormino... parece a letra hino (...) a letra E?

P — Escreve as letras. Escreve do jeito que você sabe.

C — Ficou muito perto... (*Circula novamente as letras.*) Ficou pertinho mesmo... dormino... a letra O. (*Escreve a letra O.*)

P — Escreveu a palavra dormindo?

C — Já tem duas letrinhas... dor-min-no... (*conta nos dedos a quantidade de letras*) é três... só falta uma.

P — Qual letra está faltando?

C — A letra E. (*Escreve a letra E.*)

A criança pronunciou as unidades silábicas que compunham as palavras da sentença. Dessa forma, JA tinha consciência dessas unidades e representou fonemas que as compunham. É importante notar ainda que, apesar de a criança pronunciar todas as palavras da primeira sentença, na escrita, ao escrever, focalizou apenas a expressão "era uma" e a palavra "dormindo". O modo como ela pronunciou a palavra dormindo foi evidenciado, na transcrição acima, para destacar a sua capacidade em detectar uma outra palavra que rimava com essa. Ela diz que "dorm*ino*" parece com a "letra h*ino*". Além disso, como pode ser visto, ela não usou a denominação letra em vez de palavra. Em outras circunstâncias, foi possível observar denominações inadequadas para letras, palavras e sílabas.

Outro dado importante a ser destacado diz respeito ao fato de a criança pronunciar as palavras em ritmo silábico e contar nos dedos quantas letras eram necessárias para escrever a palavra. A cada sílaba pronunciada, ela considerava que deveria corresponder uma letra. Dessa forma, o número de letras usadas para representar as sílabas era sempre um. Contudo, não era qualquer letra. JA procurava encontrar uma letra que representasse convencionalmente um dos fonemas da sílaba. Não havia, portanto, tentativa de escrever letras aleatoriamente para cada sílaba. Esse procedimento adotado por ela e por outras crianças é uma resposta ao freqüente incentivo da professora: "Pense quantas você precisa para escrever a palavra". Além de pensar sobre quantas, é preciso pensar sobre quais letras, pois a resposta ao quantas é sempre muito insatisfatória. Na realidade, era isso que JA começava a fazer, a pensar sobre quais letras, e, para responder a essa pergunta, precisava compreender como se efetuam as relações entre sons e letras. Disse, ao final do registro, que a escrita auxiliaria a lembrança do texto. Entretanto, o rememorou sem o apoio da escrita.

A atividade de W se difere das duas últimas, porque indicou com dois dedos o número de letras necessário para escrever cada sílaba:

Como pode ser visto, a escrita de W não é legível. Entretanto, houve mudanças significativas na sua escrita, se for considerada a primeira. A criança enumera no seu texto as coisas de que gosta na escola. Também diz que não gosta de brigar, mas de brincar, porque era considerada uma criança que brigava bastante com os colegas. Aproveitou para dizer que não era assim. Ao escrever o texto, como já dito, utilizou um procedimento para relacionar letras e sílabas que chamou a atenção:

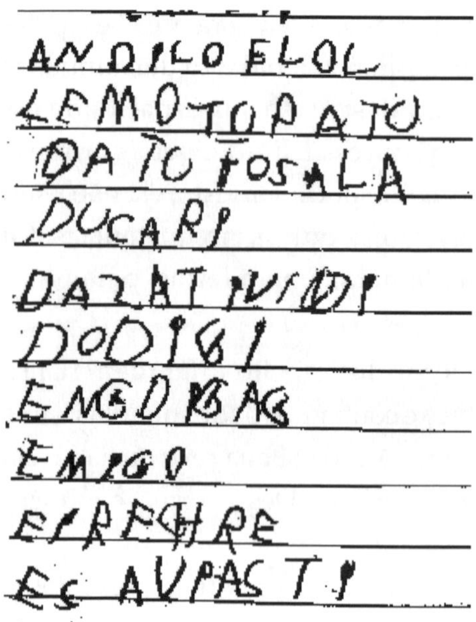

A nova escola
Eu gosto do pátio
Da sala
Dos carrinhos
E da atividade
dos joguinhos
Eu não gosto de brigar com os coleguinhas.
Eu gosto de brincar com os coleguinhas
De escorregar, de balançar
De ir para a sala de vídeo e assistir vídeo.
(Texto de W, abril de 2003)

P — A nova escola.

C (*Escreve A NO, aponta com dois dedos a escrita sussurrando) a no va (escreve as letras I e O e volta a contar com dois dedos, escreve E LO, reconta as letras com dois dedos, percebe que está faltando uma letra, conta novamente e acrescenta a letra L, reconta.*) Terminei... tia.

P — Eu gosto do pátio.

C — (*Escreve duas letras e conta, escreve M O, conta novamente e aponta o espaço em branco com dois dedinhos, escreve mais duas letras, reconta e escreve as letra PA, reconta as letras e continua a escrita de mais duas letras.*) Terminei.

P — da sala.

C — (*Escreve a letra D.*) Me dá a borracha (*apaga e escreve novamente a letra D e, em seguida, a letra A, aponta com dois dedos, escreve TU e conta novamente (...) conta novamente com dois dedos, coloca mais duas letras e reconta*) sala (*escreve AS, reconta escreve LA*).

Durante a escrita, apesar de conhecer letras que representavam fonemas e escrever palavras corretamente, estava preocupado em relacionar as sílabas pronunciadas com duas letras. Por isso, deixava de prestar atenção à palavra para escrever sempre duas letras para cada sílaba. Isso demonstra como as formas de correspondências podem ser aprendidas. Nesse caso, essa correspondência era entre a sílaba e duas letras. Esse procedimento gerou situações interessantes, pois, por exemplo, ao apontar as letras que correspondiam ao artigo inicial do título, indicou duas letras. Além disso, foi possível verificar que conhecia algumas letras correspondentes aos fonemas que compunham as sílabas, entretanto, ao efetuar a leitura e indicar com dedos as letras, desconsiderou quais letras escreveu para se deter exclusivamente em quantas letras deveria escrever. Como esse procedimento adotado por essa e por outras crianças me pareceu aprendido, observei algumas situações em sala de aula e verifiquei que a professora orientava as crianças a agir assim no momento da escrita e leitura de palavras que eram compostas com consoante-vogal. Acredito que o objetivo da professora foi primeiro levá-las a escrever uma letra correspondente às sílabas e, em seguida, perceber a necessidade de colocarem mais letras ao escrever as sílabas. Contudo, as orientações da professoras poderiam ser satisfatórias em situações controladas de ensino. No momento em que as crianças tinham que escrever sem um controle das palavras, esse procedimento gerou dois problemas: fez com que a criança perdesse de vista os significantes e, também, os significados do texto. Ao final do registro do texto, W tentou efetuar a leitura, mas como não conseguiu, disse que não sabia ler.

Outra atividade a ser analisada foi realizada por F. Ele escreveu sobre "Animal de estimação".

Os sentidos construídos pela criança no texto são muito interessantes. Eles revelam mundos de fantasia e de realidade. Um coelho que brinca com brinquedos e a mãe que não compra o coelho, porque animais costumam dar muito trabalho. A escrita produzida por F, no trabalho de registro das frases, é resultado de correspondências que ele elaborou entre escrita e unidades da linguagem oral.

P — Eu ia passear na casa do meu pai com ele.

C — Eu (E) ia (I) pas (P) se (S) ar (A) na (MA) do (D) meu (M) pai (PA).

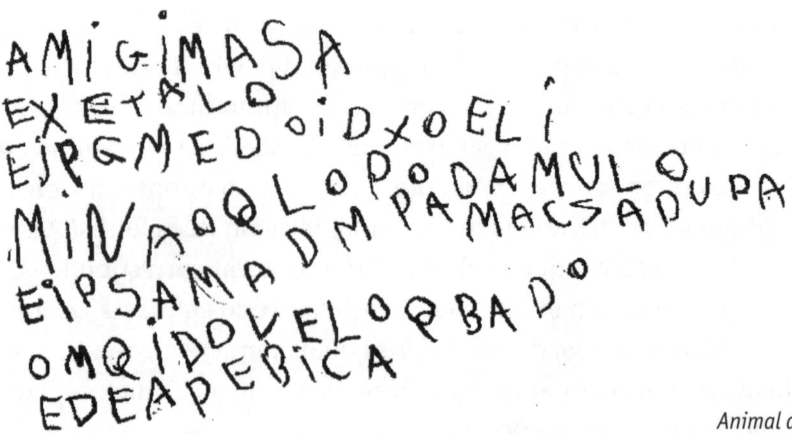

Animal de estimação
Eu queria ter um coelho.
Eu ia pegar meus brinquedos e deixar com eles.
Minha mãe não compra coelho, porque dá muito trabalho.
Eu ia passear na casa do meu pai com ele. Na casa do meu pai,
tem um monte de brinquedo velho, quebrado.
Eu daria para ele brincar.
(Texto de F, setembro de 2002)

P — Na casa do meu pai.

C — Na (MA) ca (C) sa (SA) do (DU) meu pai (PA).

P — Tem um monte de brinquedo.

C — Tem (O) um monte (MQ) de (I) brinquedo (DO).

P — Velho, quebrado.

C — Ve (VE) lho (LO), que (Q) bra (BA) do (DO).

P — Eu daria para ele brincar.

C — Eu (E) daria (DEA) para (A) ele (E) brin (BI) car (CA).

Assim, F pronunciou as sílabas que compõem as palavras das sentenças, isolando-as sistematicamente. Na maioria das situações, escreveu uma letra correspondente a um dos fonemas que compunha as sílabas e, em poucas vezes, escreveu letras correspondentes a mais de um fonema. Mesmo nessa última situação, não conseguiu identificar todas as letras correspondentes a todos os fonemas que integravam a sílaba, o que vem comprovar que, para efetuar a análise dos fonemas, as crianças precisam ter adquirido um domínio considerável da escrita, de suas relações com a linguagem oral e vice-versa. Ao final do registro, disse que a escrita poderia ajudá-lo a lembrar o que escreveu, mas rememorou partes do texto sem o apoio da escrita.

Agora, será analisada a escrita elaborada pela T. Ela escreveu o texto sobre a história "O telefone".

O telefone
A bruxa e o gato estavam dormindo no sofá.
O gato acordou e pegou a varinha da bruxa.
Ele fez aparecer um lanche.
A bruxa acordou e quase ficou brava com ele.
(Texto de T, setembro de 2002)

T percebeu a transformação provocada pela mágica na história. Ela estabeleceu a seguinte seqüência de acontecimentos: a bruxa e o gato dormiam, o gato acordou, pegou a varinha, fez aparecer o lanche. Contudo, não percebeu que a bruxa acordou porque o telefone começou a tocar na barriga do gato. Havia, no último quadrinho, um balão com o som produzido pelo telefone escrito dentro dele, mas como a criança ainda não sabia ler, não conseguiu compreender o significado da última cena e disse que "a bruxa quase ficou brava". Certamente, o termo *quase* foi usado, porque a bruxa não estava com uma fisionomia brava no quadrinho. Também o modo como a criança elaborou o registro do texto é interessante:

P — (...) A bruxa e o gato estavam dormindo no sofá.

C — So...

P — Não. A bruxa e o gato estavam dormindo no sofá.

C — Bo, bo (*escreve a letra U*) [...]. Parece que bruxa tem duas letras que é bru-xa.

P — Você acha que tem duas?

C (*Confirma.*)

P — Então, escreve as duas letras. Qual letra está faltando?

C — Xá, xá. Vou escrever o A.

P — E o gato.

C — O gato, e o gato (*escreve a letra G*) ga, tu, tu, t, u.

P — Estavam dormindo no sofá.

C — (...) So, sofá. Pode escrever sofá?

P — Você tem que escrever estavam dormindo no sofá.

C — do, do (*escreve a letra O*) min, min (*escreve a letra M*) do no (*escreve a letra U*) so (S) fá (F).

P — O gato acordou e pegou a varinha da bruxa.

C — Gato (G) ga, tu, a (TU) a (A) co, co (O) dou pegou pe (P) gou (O) a va (V) rinha, varinha da bru (U) xa (A).

A criança pronunciou sílabas isoladamente. Entretanto, ao efetuar o registro da primeira frase, pronunciou a primeira sílaba da palavra sofá que a compunha. Como disse que deveria registrar a sentença, começou o seu registro. É interessante observar que todas as letras registradas pertenciam a um dos fonemas que compunham as sílabas das palavras. Contudo, para algumas palavras e sílabas, não efetuou nenhum tipo de registro. Como houve um procedimento sistemático, considero que registrava apenas letras conhecidas e que, convencionalmente, representava os fonemas.

Ao final do registro, perguntei se a escrita ajudava a lembrar o texto. Ela disse que sim. É interessante observar suas tentativas de leitura:

> C — O que está escrito?
>
> P — Você disse que a escrita te ajuda a lembrar.
>
> C — (*Observa onde escreveu o título do texto.*) Varinha... varinha é com v.
>
> P — Então... tá escrito varinha aí?
>
> C — (*Acena com a cabeça negativamente.*)
>
> P — A escrita está te ajudando a lembrar?
>
> C — Essa daqui num tá não. (*Aponta o primeiro segmento de letras onde escreveu telefone.*)
>
> P — Por que ela não está te ajudando?
>
> C — Porque eu esqueci.
>
> P — E as outras será que te ajudam a lembrar?
>
> C — As outras bruxa, gato, sofá, gato. (*Aponta onde escreveu cada uma dessas palavras.*)

Dessa forma, ela leu palavras que foram compostas com fonemas que facilitavam a sua leitura. Esse procedimento indica que a criança compreendeu que a escrita serve de apoio para lembrar o texto, mas busca decifrar a escrita e não antecipar um texto que teve a intenção de escrever, mas que não foi escrito.

Finalmente, será analisada a atividade realizada por D. Ele escreveu o texto "Aspirador de bruxa". A criança escreveu o texto da esquerda para a direita e de baixo para cima. O trabalho realizado por D contribuirá para afirmar a idéia de que as crianças registram fragmentos do texto que conhecem.

Como pode ser observado, D escreveu algumas palavras que compunham o texto. Ao final do registro, se negou a ler, pois sabia que não escre-

Aspirador de bruxa
A bruxinha estava limpando o chão.
E limpou o rabo do gato.
Ela desligou o aspirador.
O gato ficou nervoso com a bruxinha.
Pegou a varinha e transformou o aspirador para voar.
(Texto de D, setembro de 2002)

veu todo o texto, mas apenas algumas palavras. Verifique como ocorreu o registro do texto:

P — Aspirador de bruxa.

C (*Escreve no final da página AS.*)

P — Escreveu aspirador de bruxa?

C — Tô tentando. (*Olha para os lados.*)

P — Tá tentando escrever?

C — (*Escreve as letra PI, pára, arruma os cabelos com uma das mãos, escuta as conversas do lado de fora da sala.*)

P — Vamos lá D... continuar escrevendo.

C — O aspirador d (DO) do... bru...

P — Escreveu?

C — (...) Bruxa eu num sei.

P — Qual D?

C — Eu num sei escrever bruxa. Acho que é (...)

P — Mas tenta escrever do seu jeito... de bruxa.

C — (*Sussurra e escreve BUGA*.)

P — (...) A bruxinha estava limpando o chão.

C — (Brinca com as mãos). Escrever?

P — Isso.

C — A (A) Bru (*B e observa o que havia escrito e copia UGA*) lim (I) pan (T) lim (L) pando (A) o chão. A bruxinha estava limpando o chão. (*Lê e aponta globalmente a escrita com o lápis*.)

P — O chão e limpou o rabo do gato.

C — Do gato.

P — E limpou o rabo do gato.

C — G, a (GA). Eu num sei como é essa outra letra do gato.

P — Qual?

C — Aqui, eu já pus ga (*aponta*) to.

P — To.

C — (*Escreve TO*.)

P — Ela desligou o aspirador.

C — (*Escreve EDL, deixa o lápis cair, observa a escrita*.) Aspirador (*Continua observando*.) (...)

P — O que foi... D?

C — Aspirador eu num sei escrever.

P — Tenta escrever. Pensa na palavra aspirador. Como você pode escrever aspirador (...).

C — (*Escreve ASPI*.) Aspirador, aspirador, aspi. (*Aponta e escreve DO*.)

A criança D queria escrever palavras que conhecia. Ela escreveu apenas algumas palavras que compunham as sentenças do texto. É interessante observar que a estratégia utilizada por D para compor o texto é semelhante à utilizada pelas crianças que registravam apenas letras conhecidas correspondentes aos fonemas que compunham as sílabas. No caso de D, ele registrou palavras que conseguia escrever das sentenças.

Para concluir este capítulo, é importante levar em conta alguns pontos concernentes ao objetivo mais amplo deste estudo e sobre o tipo de situações vivenciadas pelas crianças no centro de educação infantil. Assim, é preciso salientar que, diferentemente da maioria das pesquisas desenvolvidas sobre a consciência fonológica, este trabalho, tendo em vista a sua finalidade mais ampla de investigar o percurso de apropriação da linguagem escrita pelas crianças, não as submeteu a tarefas cuja finalidade era examinar a habilidade de identificar ou detectar sons. Porém, nos momentos em que eram estimuladas a escrever sentenças que compunham os textos, foi possível verificar as unidades fonológicas analisadas por elas e os modos como buscavam estabelecer relações entre a escrita e essas unidades ou vice-versa.

Ainda é importante destacar que, nos experimentos organizados pela maioria dos pesquisadores para averiguar as habilidades fonológicas, foram sempre utilizados conjuntos de palavras. No estudo de Bradley e Bryant (1978), por exemplo, nas séries de tarefas que visavam averiguar a capacidade das crianças de detectar aliteração e rima, o experimentador pronunciava quatro palavras e as crianças tinham que identificar quais delas compartilhavam os mesmos sons. Mesmo no estudo de Cardoso-Martins (1995), que visou, como dito, "[...] avaliar a habilidade das crianças inferirem como a rima é representada na ortografia", foram utilizados materiais impressos com palavras. Além disso, as palavras usadas nessas tarefas eram compostas invariavelmente de duas sílabas. No estudo de Rego (1995), cuja finalidade era investigar a correlação entre níveis de leitura e de escrita, as crianças falantes da língua inglesa escreveram palavras. Como evidenciaram as situações analisadas anteriormente, as crianças foram incentivadas a escrever sentenças que compunham os textos produzidos oralmente. O registro de sentenças possibilitou uma maior aproximação com as situações de escrita vivenciadas no cotidiano, tornando o contexto de investigação menos artificial. Além disso, as crianças escreveram com a finalidade de lembrar os textos anotados, o que possibilitou que a tarefa de escrita estivesse vinculada a um dos principais objetivos que é a leitura.

Os estudos sobre a consciência fonológica, conforme assinala Ferreiro (2004), trataram de responder a diversas questões. A primeira é sobre se a capacidade de análise dos fonemas se desenvolve naturalmente ou se resulta de aprendizagens do código. Alguns estudiosos acreditam que essa capacidade está relacionada com a aprendizagem da escrita. Penso que os dados analisados indicam que as crianças, ao serem incentivadas a escrever, começam a tomar consciência dessas unidades e, assim, descobrem que elas podem ser representadas por letras aprendidas. Em algumas situações, identificam um determinado som, sabem o nome da letra que o representa, mas não lembram a sua forma gráfica. Em outras, elas identificam o som vocálico e conseguem recordar a sua forma gráfica e, assim, representam graficamente o som de forma correta. Nesse sentido, desde esses primórdios de tentativas de relacionar letras e sons, as crianças se valem do aprendizado das formas e dos nomes das letras. Então, a capacidade de refletir sobre as unidades fonêmicas não se desenvolveu naturalmente, mas à medida que as crianças foram incentivadas a escrever e que passaram conhecer letras que representavam convencionalmente determinados fonemas.

Conforme registrado, no início da pesquisa, participaram crianças com cinco e seis anos de idade. Observamos em muitas delas a capacidade de isolar sílabas ao pronunciar palavras ou sentenças. Não foi possível conhecer as suas experiências anteriores com a leitura e a escrita. Entretanto, não se pode afirmar que esse é um "fato evolutivo" natural decorrente do desenvolvimento da fala. Acredito que essa capacidade tem relação com o aprendizado da escrita e, portanto, com as tentativas das crianças de ler e escrever usando letras. Conforme dito anteriormente, acredito que, no decorrer do processo de desenvolvimento da escrita, a criança vai aprendendo categorias que lhe permite pensar as unidades que compõem a linguagem oral. Nos termos colocados por Vigotski (2001), ela toma consciência que a linguagem que utiliza é composta de palavras e que estas, por sua vez, são compostas por unidades ainda menores (fonemas). Segundo esse autor, a apropriação da linguagem escrita obriga a criança a tomar consciência do processo de fala. Portanto, esse processo de tomada de consciência das unidades que formam a linguagem, como pôde ser observado nas análises, acontece de forma paulatina e à medida que a criança aprende e começa a compreender as relações entre sons e letras.

A idéia presente no trabalho de Byrne (1995), e de outros que inspiraram seu estudo, de que é possível treinar as crianças pequenas em idade pré-escolar a segmentar e identificar sons em uma palavra e que esse treinamento é fundamental à aprendizagem da leitura, é decorrente da concepção de leitura subjacente a esses trabalhos, compreendida como processo de decodificação. Se a escrita pudesse ser decodificada haveria, certamente, apenas um som para representar cada letra na escrita. Entretanto, como se sabe, não é esse tipo de relação (um para um) que se estabelece entre letras e sons. Por isso, as crianças não devem ser submetidas a um treinamento, mas a processos de ensino-aprendizagem em que possam desenvolver as capacidades de compreensão das relações entre letras e sons e entre sons e letras. Além de necessitar trabalhar essas relações, as crianças precisam ser estimuladas a escrever espontaneamente textos, pois essa é, em minha opinião, uma das maneiras mais apropriadas para avaliar os modos como elaboram as aprendizagens.

Outro ponto importante diz respeito à possibilidade de pensar que as unidades fonológicas consideradas pelas crianças não são apenas as sílabas e os fonemas.

A organização de testes com base apenas em palavras é que tem levado alguns autores a defender que as unidades fonológicas são apenas as sílabas e os fonemas. As situações observadas sugerem que a necessidade de escrever ou de fazer uso das letras com esse fim e, sobretudo, as tentativas iniciais de leitura do escrito levam as crianças a isolar unidades palavras e, também, conjunto de sílabas ou de palavras compostas com uma única sílaba. Durante a leitura, as palavras e conjunto de sílabas corresponderam a uma letra.

Outra conclusão importante advinda das discussões desenvolvidas diz respeito à dificuldade de estabelecer um processo que se forme a partir de problemas lógico-matemáticos. Como mencionado, Ferreiro (1990a) compreende que a introdução no terceiro nível de evolução da escrita é marcada pelas tentativas sistemáticas de relacionar uma letra com uma sílaba. Tal hipótese foi denominada por essa autora e colaboradoras de hipótese silábica e a ela é atribuída importância fundamental para o desenvolvimento da escrita. A autora refuta a idéia de que a capacidade de isolar sílabas decorre do desenvolvimento da linguagem oral. Por outro lado, descarta a hipótese, considerada contrária e defendida particularmente por Olson (1997), de que a capacidade de isolar unidades silábicas seria decorrente da aprendizagem da escrita. Nesse sentido, segundo a autora, na busca de uma resposta satisfatória para a coordenação entre as partes e as totalidades, a criança passa a considerar as partes da totalidade pronunciada (sílabas) e as partes da totalidade escrita (letras) e a elaborar um novo tipo de relação: a correspondência termo a termo que se efetua entre sílaba e letra.

A leitura do texto de Ferreiro (1990a) sugere que as relações entre operações cognitivas e o desenvolvimento da linguagem escrita não são de causalidade, ou seja, o desenvolvimento de operações lógico-matemáticas próprias do período das operações concretas não é requisito para o desenvolvimento da escrita e nem se desenvolve em certos domínios de conhecimento como a Matemática, por exemplo, para, depois, ser aplicado em outros domínios, como a escrita. Conforme Piaget (1971,[12] apud Ferreiro, 1990, p. 39), é mais provável que as operações lógico-matemáticas (seriar, classificar, efetuar correspondências etc.) possam

> [...] ocorrer em todos os domínios ao mesmo tempo, quando diante de dificuldades mais ou menos equivalentes, um problema comum se colocasse (...) o sujeito reagiria por um mesmo jogo de regulações, ou seja, a equilibração por compensação das perturbações, do que resultaria uma estrutura mais ou menos geral (operação ou função operatória) (...).

Assim, a solução de Ferreiro é exatamente essa colocada por Piaget. Considera que os problemas colocados na tarefa de escrita e interpretação de nomes são mais ou menos equivalentes aos que são colocados em outros domínios do conhecimento e, desse modo, a busca de regulação resulta em operações lógico-matemáticas. No caso específico da construção da hipótese silábica, na operação de correspondência termo a termo. Assim, essa construção resultaria de uma necessidade de regulação ou de *equilibração por compensação das perturbações*.

---

12. J. Piaget. Preface. In: E. Ferreiro. Les relations temporalles dans le langage de l'enfant. Genève: Droz, 1971.

Creio que é importante, com base nos dados deste estudo, refletir um pouco mais sobre as tentativas que as crianças elaboraram de compreensão da leitura e da escrita. Com base nos dados analisados, as relações efetuadas não são exclusivamente termo a termo (entre letras e sílabas). Por exemplo, quando a criança usa apenas uma letra convencional, porque desconhece outras letras correspondentes aos demais fonemas de uma sílaba, ela não está elaborando esse tipo de correspondência (letra-sílaba), e sim, registrando letras conhecidas para representar fonemas pertencentes às sílabas que pronuncia. Acredito que é muito importante, para conhecer efetivamente as relações que as crianças estabelecem entre o oral e o escrito, observar o modo como escrevem no momento em que estão produzindo textos ou escrevendo sentenças que compõem textos por elas elaborados, pois o incentivo à interpretação de palavras, em seguida ao seu registro e com a recomendação de que devem apontar o escrito, pode conduzir as respostas.

Assim, para finalizar este capítulo, considero importante enfatizar que os procedimentos de pesquisa utilizados na coleta dos dados que foram analisados neste livro aproximam o trabalho de escrita de condições reais de uso e permitiram identificar processos não observáveis com a escrita de palavras.

Considerações finais

Alfabetizar, ensinar a ler e a escrever tem sido considerado pelos professores como uma das tarefas mais difíceis a ser realizada nas escolas. Por isso, a maioria dos professores, particularmente os mais experientes, evita trabalhar com crianças na fase inicial da aprendizagem da leitura e da escrita, ficando essa tarefa a cargo dos professores menos experientes. De fato, ensinar crianças a ler e a escrever não é uma tarefa fácil. Entretanto, considero que é possível alfabetizar com sucesso, se tivermos, dentre outras condições essenciais para o exercício do magistério, como referência, duas premissas fundamentais. A primeira diz respeito à crença de que *todas as pessoas têm condições de aprender*. Infelizmente, alguns costumam fazer previsões negativas sobre as possibilidades de aprendizagem das crianças considerando antecedentes familiares, origem social, condições econômicas, supostas deficiências ocasionadas pela pobreza de estímulos no meio cultural etc. Essa atitude é equivocada, pois não leva em conta que, independentemente da origem social, das condições econômicas e culturais, todas as crianças têm o direito a aprender a ler e a escrever e, de forma ampla, têm direito à educação. Nesse sentido, a crença na capacidade das crianças de aprender tem que ser um princípio ético a ser incorporado por todos aqueles que conduzem a educação e também deve reger a ação dos professores que as ensinam a ler e a escrever. Os dados analisados nos itens anteriores evidenciam, sobretudo, como todas as crianças envolvidas no estudo refletem sobre a escrita e buscam elaborá-la, demonstrando ter condições de aprender a ler e a escrever.

Por isso, estando conscientes desse princípio fundamental, orientador da ação educativa que se desenvolve nas escolas, é necessário ter em mente a segunda premissa: o trabalho educativo é uma atividade intencional, organizada e sistemática que visa ao alcance da aprendizagem. As crianças não aprendem sozinhas e nem de forma espontânea. Para que elas se apropriem dos conhecimentos e, em particular, da linguagem escrita, é necessária uma mediação qualificada dos professores que, por sua vez, só é possível se houver planejamento, organização intencional e sistemática do trabalho a ser realizado com as crianças na sala de aula. Foi possível verificar, nas análises construídas ao longo deste livro, como as crianças se valem da experiência e, portanto, das aprendizagens para elaborar o seu conhecimento sobre a linguagem escrita.

Além disso, para o desenvolvimento do trabalho educativo, na alfabetização, é necessário ter como ponto de partida, para a sua organização, um conceito de alfabetização que abranja as diferentes dimensões desse processo que, por sua vez, devem ser tomadas como eixos norteadores do trabalho na sala de aula. Dessa forma, na sociedade atual, é importante pensar *a alfabetização como uma prática social e cultural em que se desenvolvem a formação da consciência crítica, as capacidades de produção de textos orais e escritos, de leitura e de compreensão das relações entre sons e letras*. Ela é concebida como prática social, porque é uma atividade que se desenvolve entre pessoas, em determinados espaços institucionais, em decorrência das necessidades geradas pela vida em sociedades que fazem uso da escrita para se comunicar, se relacionar com outras pessoas, se posicionar, questionar, concordar etc.

Neste trabalho, busquei conhecer os processos que se constituíram nas crianças participantes da pesquisa ao serem estimuladas a escrever textos. As análises desenvolvidas sugerem que esse processo é complexo e dinâmico. Elas indicam ainda que o desenvolvimento da escrita é influenciado pela prática educativa de alfabetização. Esse aspecto é fundamental, pois evidencia a necessidade de evitar o pressuposto de condutas padronizadas e com etapas de desenvolvimento previsíveis. Obviamente, as análises sobre a apropriação da linguagem escrita não se esgotam com este livro. Pelo contrário, ele evidenciou a necessidade de focar determinados momentos do desenvolvimento da escrita na criança e a possibilidade de estudos sobre outras formas de simbolismo que estão relacionadas com a escrita.

Assim, foi possível concluir, por meio das análises desenvolvidas neste livro, que uma criança usou escritas indiferenciadas para escrever o texto que produziu oralmente. Esse tipo de escrita e as condutas observadas durante o registro e no momento em que foi estimulada a escrever o texto evidenciam que sua escrita não é instrumental. Entretanto, é simbólica, pois o ato de escrever não se realizou sem vínculo com o conteúdo a ser anotado. Com relação às crianças que disseram ter escrito nomes, ao serem incentivadas a se relacionar com a escrita para lembrar o texto que registraram, conforme discutido, é possível considerar, nas situações analisadas neste trabalho, que essa atitude foi fortemente influenciada pelas práticas de escrita desenvolvidas nas salas de aula. A professora incentivava a escrita de nomes e, também, que as crianças apontassem as letras durante a leitura isolando, na pronúncia, unidades silábicas.

O uso de formas icônicas com função de escrita ocorreu, conforme evidenciado, em situações em que as crianças eram incentivadas a escrever com o objetivo de lembrar os significados anotados. Assim, a situação de produção e, portanto, o objetivo da escrita influenciaram as respostas das crianças. Verificou-se ainda que as crianças que usaram essas formas, ao serem incentivadas a escrever usando letras, conseguiam isolar unidades silábicas na pronúncia das palavras e escrever letras correspondentes a fonemas que compunham as sílabas. Essa observação permite inferir, em primeiro lugar, que as crianças escrevem letras conhecidas para os fonemas. Em segundo lugar, evidencia que as aprendizagens influenciam os modos como as crianças escrevem e, portanto, o modo como tentam estabelecer as relações entre unidades da fala e unidades da escrita. Em terceiro lugar, permite evidenciar também a dificuldade de estabelecer estágios evolutivos lineares para o desenvolvimento da escrita na criança.

Se, por um lado, as aprendizagens desempenham um papel fundamental no modo como as crianças se apropriam da escrita, por outro, a linguagem que surge durante o trabalho de produção de textos é também essencial para que se possa observar como a criança se apóia nas experiências para lembrar o nome e as formas das letras que deseja escrever. A análise da linguagem que se desenvolve no momento em que a criança escreve permite, na minha opinião, verificar como efetivamente surge e se desenvolve a capacidade de reflexão sobre as unidades da linguagem oral e, também, sobre os tipos de relação que elaboram entre o oral e o escrito.

Para concluir, gostaria de lembrar o clima das comemorações dos 500 anos de colonização ocorridas no ano 2000. Nesse momento, conforme comenta Arce (2000), a educação esteve no ápice das celebrações e, também, a figura do professor foi central. A mídia apresentou, desde 1999, como preparo para as comemorações, um professor modelo: "Quase sempre, era alguém que trabalhava em lugares isolados com populações carentes e fazia muito mais do que 'ensinar', trazia 'esperança' para aquela população, trazia a possibilidade de 'um futuro melhor'" (ibid., p. 42). Assim, aprendemos a imaginar que os professores da educação básica não precisam ser profissionais qualificados. Principalmente quando se trata de professores que ensinam crianças, é necessário apenas muito amor pelo trabalho (não que eu não acredite na necessidade do amor).

Como resultado dessa visão (aliás, bastante coerente com as políticas de redução dos gastos públicos com a educação), é possível verificar, a cada ano, os resultados de pesquisas que evidenciam o baixo nível de desempenho acadêmico em leitura e escrita dos estudantes brasileiros. Diante desse quadro, atualmente, alguns têm indicado como solução para esse problema — que, na realidade, não é um problema, mas a resultante, em grande medida, das políticas de desvalorização dos profissionais da educação — o retorno aos antigos métodos de alfabetização que, como dito, já demonstraram sua ineficiência na prática. A adoção de determinados métodos parece resolver também um outro grande problema — o da formação de professores alfabetizadores —, pois a sua adoção minimizaria a sua necessidade. Nesse contexto, é importante salientar que as soluções para o baixo desempenho em leitura e escrita e para a formação dos professores alfabetizadores não podem ser reduzidas a uma discussão sobre métodos ou sobre a adoção desse ou daquele material didático.

As crianças demonstram, desde muito pequenas, uma capacidade imensa de aprender e de pensar a realidade em que vivem. Por isso, acredito que precisamos discutir como construir uma sociedade justa e igualitária. Uma sociedade em que as crianças, os jovens e adolescentes possam ter condições de se apropriar de conhecimentos essenciais a sua vida em sociedade e em que os professores não precisem triplicar suas jornadas de trabalho para ter o mínimo para a sua sobrevivência.

Referências bibliográficas

ARCE, A. A formação do profissional sob a ótica construtivista. In: DUARTE, N. (Org.). *Sobre o construtivismo*. Campinas: Autores Associados, 2000, p. 41-62.

AZENHA, M. G. *Imagens e letras*: Ferreiro e Luria, duas teorias psicogenéticas. São Paulo: Ática, 1995.

BERTELSON, P. et al. A phonetic analysis capacity. *Nature*, London, n. 3, p. 313-373, jan. 1985.

BEZERRA, V. M. L. Reflexão metalingüística e aquisição de leitura em crianças de baixa renda. In: Fundação Educacional do Estado do Paraná. *Os doze trabalhos premiados*: Concurso Nacional de Pesquisas em Educação. Curitiba: Imprensa Oficial, 1982.

BRADLEY, P.; BRYANT, P. Difficulties in auditory and learning to read: a causal connexion. *Nature*, London, n. 21, p. 301-419, 1978.

______. Why children sometimes write words which they do not read. In: FRITH, U. (Org.). *Cognitive processes in spelling*. London: Academic Press, 1980.

______. Categorizing sounds and learning to read: a causal conection. *Nature*, London, n. 3, p. 419-421, 1983.

BRYANT, P.; BRADLEY, L. Phonetic analysis capacity and learning to read. *Nature*, London, n. 313, p. 73-74, jan. 1985.

BRAGGIO, L. B. *Leitura e alfabetização*: da visão mecanicista à sociopsicolingüística. Porto Alegre: Artes Médicas, 1992.

BRASIL. Secretaria de Educação Fundamental. Parâmetros curriculares nacionais: Língua Portuguesa. Brasília, 1997, 144p.

_____. *Problemas de leitura na criança*. Porto Alegre: Artes Médicas, 1987.

BYRNE, B. Treinamento da consciência fonêmica em crianças pré-escolares: por que fazê-lo e qual o seu efeito. In: CARDOSO-MARTINS, C. *Consciência fonológica e alfabetização*. Petrópolis: Vozes, 1995, p. 37-68.

CARDOSO-MARTINS, C. A consciência fonológica e a aprendizagem inicial da leitura e da escrita. *Cadernos de Pesquisa*, São Paulo: Fundação Carlos Chagas, n. 76, p. 41-49, 1991.

_____. A habilidade de crianças em idade pré-escolar de identificar uma palavra impressa desconhecida por analogia a uma palavra conhecida. In: CARDOSO-MARTINS, C. *Consciência fonológica e alfabetização*. Petrópolis: Vozes, 1995, p. 101-128.

CARRAHER, T. N.; REGO. L. O realismo nominal como obstáculo para a aprendizagem da leitura. *Cadernos de Pesquisa*, São Paulo: Fundação Carlos Chagas, n. 39, p. 3-10, 1981.

_____. Desenvolvimento cognitivo e alfabetização. *Revista Brasileira de Estudos Pedagógicos*, Brasília: INEP, n. 149, p. 38-55, jan./abr. 1984.

COHEN, M. *La grande invention de l'écriture et son évolution*. Paris: Klincksiek, 1958.

CONTINI JÚNIOR, J. A concepção do sistema alfabético por crianças em idade pré-escolar. In: KATO, M. A. *A concepção da escrita pela criança*. Campinas: Pontes, 1988, p. 53-104.

DELFIOR, S. Conocimiento fonológico y lectura: el paso de las representaciones inconscientes a las conscientes. *Revista Portuguesa de Pedagogía — Leitura*, Universidade de Colômbia, ano XXXII, n. 1, p. 5-27, 1998.

EHRI, L.; ROBBINS, C. Beginners need some decoding skill to read words by analogy. *Reading Research Quarterly*, n. 27, p. 13-26, 1992.

_____; WILCE, L. S. Movement into reading: is the first stage of printed word learning visual or phonetic? *Reading Research Quarterly*, XX, n. 2, p. 163-167, 1985.

FERREIRO, E. A escrita... antes das letras. In: SINCLAIR, H. (Org.). *A produção de notações na criança*: linguagem, número, ritmo e melodias. São Paulo: Cortez, 1990a, p. 19-70.

______. Os processos construtivos da apropriação da escrita. In: FERREIRO, E.; PALACIO, M. G. (Org.). *Os processos de leitura e escrita*. 3. ed. Porto Alegre: Artes Médicas, 1990b.

______. *Reflexões sobre alfabetização*. 16. ed. São Paulo: Autores Associados, 1990c.

______. Sobre a necessária coordenação entre semelhanças e diferenças. In: CASTORINA, J. A. et al. *Piaget, Vygotsky*: novas contribuições para o debate. 2. ed. São Paulo: Ática, 1996, p. 147-175.

______. *Passado e presente dos verbos ler e escrever*. São Paulo: Cortez, 2002.

______. *Relações de (in)dependência entre oralidade e escrita*. Porto Alegre: Artmed, 2004.

FERREIRO, E.; TEBEROSKY, A. *Psicogênese da língua escrita*. Porto Alegre: Artes Médicas, 1989.

FRITH, U. Beneath the surfaces of developmental dyslexia. In: PATTERSON, K.; COLTHEART, M.; MARSHALL, J. (Org.). *Surface dyslexia*. London: Lawrence Erlbaum Associates Ltd., 1985.

FURNARI, E. *O amigo da bruxinha*. 5. ed. São Paulo: Moderna, 1993.

GAUR, A. *A history of writing*. London: The Bristish Library, 1987.

GELB, I. *Historia de la escritura*. Madrid: Alianza, 1976.

GERALDI, J. W. *Portos de passagem*. São Paulo: Martins Fontes, 1991.

GOMBERT, J. E. *Le developpement métalinguistique*. Paris: PUF, 1990.

GONTIJO, C. M. M. *A apropriação da linguagem escrita*. Dissertação (Mestrado em Educação) — Programa de Pós-Graduação em Educaçao, Universidade Federal do Espírito Santo, Vitória, 1996.

______. *Alfabetização*: a criança e a linguagem escrita. São Paulo: Autores Associados, 2003.

______. *O processo de alfabetização*: novas contribuições. São Paulo: Martins Fontes, 2002.

GONTIJO, C. M. M. O processo de apropriação da linguagem escrita em crianças na fase inicial de alfabetização. Tese (Doutorado em Educação) — Faculdade de Educação, Universidade Estadual de Campinas, 2001.

GOODMAN, K. S.; GOODMAN, Y. M. Learning to read is natural. In: RESNICK, L. B.; WEAVER, P. A. (Ed.). *Theory and practice of early reading*. Hillsdale, NJ: Erlbaum, 1979, v. 1, p. 137-154.

GOSWAMI, U. Toward and interactive analogy model of reading development: decoding vowel graphemes in begining reading. *Journal of Experimental Child Psychology*, n. 56, p. 443-475, 1993.

______; BRYANT, P. *Phonological skills and learning to read*. Hillsdale, NJ: Erlbaum, 1990.

______; MEAD, F. Onset and rime awareness and analogies in reading. *Reading Research Quarterly*, n. 27, p. 153-162, 1992.

GOUGH, P.; JUEL, C.; GRIFFITH, P. Reading, spelling and the orthographic cipher. In: GOUGH, P.; EHRI, L.; TREIMAN, R. (Org.). *Reading acquisition*. London: Lawrence Erlbaum Associates Publisheres, 1992, p. 34-48.

HARRIS, R. *The origin of writing*. London: Duckworth, 1986.

JIMÉNEZ, J. E.; ORTÍZ, M. R. *Consciencia fonológica y aprendizaje de la lectura*: teoria, evaluación e intervención. Madrid: Sínteses, 1995.

KATO, M. A. *No mundo da escrita*: uma perspectiva psicolingüística. 2. ed. São Paulo: Ática, 1986.

KLEIMAN, A. B. Modelos de letramento e as práticas de alfabetização na escola. In: KLEIMAN, A. B. (Org.). *Os significados do letramento*: uma nova perspectiva sobre a prática social da escrita. Campinas: Mercado de Letras, 1995, p. 15-61.

LANDSMANN, L. T. *Aprendizagem da linguagem escrita*: processos evolutivos e implicações didáticas. São Paulo: Ática, 1995.

LURÇAT, L. *Pintar, dibujar, escribir, pensar*: el grafismo en el preescolar. Madrid: Cincel, 1988.

LURIA, A. R. O desenvolvimento da escrita na criança. In: VIGOTSKI, L. S.; LURIA, A. R.; LEONTIEV, A. *Linguagem, desenvolvimento e aprendizagem*. 4. ed. São Paulo: Icone, 1988, p. 143-189.

LURIA, A. R. A criança e o seu comportamento. In: VIGOTSKI, L. S.; LURIA, A. R. *Estudos sobre a história do comportamento*: símios, homem primitivo e criança. Porto Alegre: Artes Médicas, 1996, p. 151-238.

______; YODOVICH, F. I. *Linguagem e desenvolvimento intelectual na infância*. 2. ed. Porto Alegre: Artes Médicas, 1987.

MACEDO, D. Alfabetização, linguagem e ideologia. *Educação & Sociedade*. São Paulo: Autores Associados, ano XXI, n. 73, 2000, p. 84-99.

MORAIS, A. M. P. *A relação entre a consciência fonológica e as dificuldades de leitura*. São Paulo: Vetor, 1997.

MORAIS, J.; ALEGRIA, J.; CONTENT, A. The relationship between segmental analysis and alphabetic literacy: an interactive view. *Cahiers de Psichologie Cognitive*, n. 7, p. 415-438, 1987.

NUNES, T. Alfabetização e o construtivismo: um balanço crítico. *Educação em Revista*. Belo Horizonte: Faculdade de Educação, UFMG, n. 12, 1990, p. 33-43.

OLIVEIRA, M. K. *A influência da interação social sobre o desenvolvimento cognitivo da criança segundo a perspectiva de L. S. Vygotsky*. Trabalho apresentado na 19a Reunião Anual de Psicologia de Ribeirão Preto, 24 a 28 out. 1989.

OLSON, D. R. *O mundo no papel*: as implicações conceituais e cognitivas da leitura e da escrita. São Paulo: Ática, 1997.

PIAGET, J.; GARCIA, R. *Psychogenèse et histoire des sciences*. Paris: Flammarion, 1983.

______. Preface. In: FERREIRO, E. *Les relations temporalles dans le langage de l'enfant*. Genève: Droz, 1971.

READ, C. Preschool children's knowledge of english phonology. *Harvard Educational Review*, n. 41, p. 1-34, 1971.

______. *Children's creative spelling*. London: Routledge & Kegan Paul, 1986.

REGO, L. L. B. A relação entre a evolução da concepção de escrita da criança e o uso de pistas grafo-fônicas na leitura. In: CARDOSO-MARTINS, Cláudia. *Consciência fonológica & alfabetização*. Petrópolis, Vozes, 1995, p. 69-100.

SAMPSON, G. *Writing systems*. Stanford, CA: Stanford University Press, 1985.

SCHMANDT-BESSARAT, D. Tokens: facts and interpretations. *Visible Language*, v. 20, n. 3, p. 250-272, 1986.

SENNER, W. M. (Org.). *The origins of writing*. Lincoln: University of Nebraska Press, 1989.

SEYMOUR, P. H. K.; ELDER, L. Beginning reading without phonology. *Cognitive Neuropsychology*, n. 3, p. 37-76, 1986.

SMOLKA, A. B. *A criança na fase inicial da escrita*: a alfabetização como processo discursivo. São Paulo: Cortez, 1989.

SOARES, M. B. *Letramento*: um tema em três gêneros. Belo Horizonte: Autêntica, 1999.

______. As muitas facetas da alfabetização. In: SOARES, M. B. *Alfabetização e letramento*. São Paulo: Contexto, 2003a, p. 13-27.

______. *Letramento e alfabetização*: as muitas facetas. Disponível em: <www.anped.org.br>. Acesso em: 10 dez. 2003.

STUART, M.; COLTHEART, M. Does reading develop in a sequence of stages? *Cognition*, n. 30, p. 139-181, 1988.

TFOUNI, L. V. *Letramento e alfabetização*. São Paulo: Cortez, 1995.

TORNEUS, M. Phonological awareness and reading: a chicken and egg problem. *Journal of Education Psychology*, n. 76, p. 1346-1358, 1984.

TUNMER, W. E.; ROHL, M. Phonological awarenes and reading acquisition. In: SAWYER, D. J.; FOX, B. J. (Ed.). *Phonological awareness in reading*. The evolution of current perspectives. New York: Springer-Verlag, 1991.

VYGOTSKI, L. S.*Obras escogidas*. Tomo IV. Madri: Visor, 1996.

______. Comportamento do macaco antropóide. In: VYGOTSKY, L. S.; LURIA, A. R. *Estudos sobre a história do comportamento*: símios, homem primitivo e criança. Porto Alegre: Artes Médicas, 1996, p. 55-92.

______. *Obras escogidas*. 2. ed. Madri: Visor, 1997, t. I.

______. *Obras escogidas*. Madri: Visor, 2000, t. III

______. *Obras escogidas*. 2. ed. Madri: Visor, 2001, t. II.